1960年代〜90年代
小田急沿線アルバム

解説　牧野和人

和泉多摩川〜登戸間で小田原線は多摩川を渡る。橋梁上で4000形の上り急行とLSE7000形の特急「はこね」が擦れ違った。初代4000形は、旧型車両の足回りに長さ20メートルの金属製車体を載せた車両だった。◎1988年5月13日　撮影：松本正敏（RGG）

懐かしの小田急電鉄 ……… 4	川崎市 …………………… 60 【登戸～柿生】
1章【小田原線】	町田市 …………………… 68 【鶴川～町田】
新宿区 …………………… 34 【新宿】	相模原市 ………………… 78 【相模大野～小田急相模原】
渋谷区 …………………… 38 【南新宿～代々木上原】	座間市 …………………… 86 【相武台前～座間】
世田谷区 ………………… 44 【東北沢～喜多見】	海老名市 ………………… 88 【海老名～厚木】
狛江市 …………………… 56 【狛江～和泉多摩川】	厚木市 …………………… 90 【本厚木～愛甲石田】

小田原線の起点付近となる新宿～南新宿間を行く2400形の急行。行先表示には江ノ島と箱根湯本が併記されている。1993（平成5）年まで新宿～片瀬江ノ島間の急行は相模大野まで、小田原方面へ向かう列車と併結するものがあった。◎1982年5月9日　撮影：森嶋孝司（RGG）

伊勢原市 …………………………… 96
【伊勢原】

秦野市 ……………………………… 98
【鶴巻温泉～渋沢】

松田町 ……………………………… 102
【新松田】

開成町 ……………………………… 104
【開成】

小田原市 …………………………… 105
【栢山～小田原】

2章【多摩線】

川崎市 ……………………………… 110
【五月台～はるひ野】

多摩市 ……………………………… 112
【小田急永山～唐木田】

3章【江ノ島線】

相模原市、大和市 ………………… 120
【東林間～高座渋谷】

藤沢市 ……………………………… 134
【長後～片瀬江ノ島】

懐かしの小田急電鉄

終戦直後の深刻な車両不足に対応するため、1946（昭和21）年、国鉄モハ63形20両が小田急電鉄に入線することになった。デハ1800形、クハ1850形となり、同社初の20メートル車で輸送力強化に貢献した。
◎豪徳寺　1954年
撮影：荻原二郎

旧型車両がまだ活躍していた時期の経堂駅。左から1600形、1200形、1700形。地下道化工事のためホーム上屋がなく通路も仮設である。経堂は戦後、隣接して検車区が設置され、検修修繕庫も建てられた。
◎1959年　撮影：荻原二郎

向ヶ丘遊園駅に停車している元特急車1700形の各駅停車。小田急の代名詞「ロマンスカー」の元祖1910形が1949年に初登場したが、特急車としては、朝夕通勤・通学輸送にも使用されるなど、中途半端な存在であったため2年後に1700形が誕生した。
◎1963年10月20日
撮影：荻原二郎

小田原を発車した箱根湯本行き2200形急行。1954（昭和29）年に登場した小田急初の高性能形通勤車両で前面は2枚窓、特急と同じ青／黄の塗り分けであった。大型車が主力となると淘汰の対象となり1984年限りで全廃。一部が富士急行、新潟交通（廃止）に移籍している。
◎1955年　撮影：野口昭雄

元国鉄63形の小田急1800形4連が相模大野駅に入線。1957（昭和32）年からは戦災復旧の編入車も含め更新改造を受けて近代化し、輸送力の大きさを活用した。しかし1979年から廃車が開始され、秩父鉄道に譲渡され同社の800系となった。
◎1967年　撮影：荻原二郎

多摩線で最後の運行をしていた頃の1800形。まだローカル輸送の雰囲気があった多摩線は、年季の入った高齢車両の職場となっていた。しかし現在はライバルの京王相模原線と対等に競える地位まで至り、活気あふれる路線となった。
◎1981年　撮影：荻原二郎

1994（平成6）年に着工した喜多見〜和泉多摩川間の複々線化工事は1997年に完成した。高架化された喜多見駅のホーム。乗降設備のない中線2本の線路は、優等列車等が走る通過線となっている。◎1997年8月30日　撮影：荒川好夫（RGG）

複々線化されて間もない狛江〜喜多見間を行く9000形の新宿行き普通列車。9000形は営団地下鉄千代田線への乗り入れを想定した車両。1972（昭和47）年から1977年にかけて90両が製造された。◎1997年8月30日　撮影：荒川好夫（RGG）

大規模な新興住宅地の中にありながら、緑に囲まれた新百合ヶ丘～百合丘間を駆け抜ける初代4000形の新宿行き急行。長編成の列車は、Sカーブの中で迫力ある造形美を生み出した。◎2001年9月15日　撮影：荒川好夫（RGG）

線路沿いに桜並木が続く座間～相武台前間を行くデキ1012号機。1927（昭和2）年に川崎造船所で2両が製造された40トン級の凸型電気機関車だ。1012号機は1984（昭和59）年まで在籍した。◎1983年4月7日　撮影：森嶋孝司（RGG）

5両の固定編成を2本繋いで運転するSE3000形「さがみ」。1本の編成が8両から短縮された後のSE3000形は「さがみ」「えのしま」「あさぎり」を中心に運用された。多客期には写真のような重連運転となった。◎1988年1月10日　撮影：松本正敏（RGG）

ロマンスカーの導入で盛況を極めていた新宿〜小田原間の特急は当初、列車ごとに異なる名前が付けられていた。1966 (昭和41) 年から67年にかけて列車名は停車駅に応じて統合され、新原町田に停車する列車は「あしがら」となった。◎秦野〜東海大学前 1988年1月24日 撮影：松本正敏 (RGG)

小田原へ向かう道中で、厚木市を過ぎると沿線には田畑が広がる区間が現れ始める。車窓の北側を流れる山並みも近くなった。長閑な風景を引き裂くかのようにHiSE10000形の特急「はこね」が疾走していった。◎伊勢原〜鶴巻温泉　1996年3月26日　撮影：松本正敏（RGG）

沿線に春の訪れを感じさせる鶴川〜玉川学園間を、JR御殿場線へ向かうRSE20000形特急「あさぎり」が行く。晴天の下、アーチ状になった北山の桜並木や富士山を望む絶景車窓へと旅の想いは及ぶ。◎1996年4月6日　撮影：荒川好夫（RGG）

歴代のロマンスカーが海老名検車区に顔を揃えた。いずれも流線型の前面形状を持ち、特急用車両らしい表情だ。装備しているライト類等の形や車体曲線の微妙な違いに、世代ごとの個性を見て取れる。左からRSE20000形、HiSE10000形、LSE7000形、NSE3100形、SE3000形。ⓒ1991年11月20日　撮影：松本正敏（RGG）

後継車の登場でNSE3100形に廃車が出始めた1997 (平成9) 年。3161×11編成が、イベント用車両「ゆめ70」に改装された。外装は白をベースにした斬新な塗装だ。「あしがら」のヘッドサインを掲出して、桜満開の相武台前〜座間間を行く。◎1998年4月5日 撮影:武藤邦明 (RGG)

世田谷代田付近を通過する下り特急ロマンスカーLSE7000形の「さがみ」。地下化工事のため、線路内に工事用の木材が敷かれている。◎2005年8月21日　撮影:矢崎康雄

車窓を桜花が彩る鶴川〜玉川学園前間を行く初代4000形の小田原行き急行。更新後の姿がすっかり馴染んだ2000（平成12）年の撮影である。6両固定編成と4両固定編成を併結した10両編成で運転している。◎2000年4月9日　撮影：荒川好夫（RGG）

小田原線座間〜海老名間を行くHiSE10000形の特急「はこね」。1987（昭和62）年に登場して以来、バブル経済時代を小田急ロマンスカーの主力として、高級温泉旅館が建ち並ぶ箱根へ向かって駆け抜けた。2004年12月24日　撮影：荒川好夫（RGG）

代々木上原は営団地下鉄(現・東京地下鉄)千代田線との接続駅。小田急、営団、国鉄(現・JR東日本)の列車は当駅を介して小田原線との間で相互乗り入れ運転を行っている。9000形と国鉄103系1000番台車が顔を並べた。◎1983年8月2日　撮影:森嶋孝司

普通電車が行き交う新百合ヶ丘駅。1番から3番乗り場からは小田原線の下り列車が発着する。3番乗り場は多摩線の列車も使用する。4番のりばには多摩線の列車が発着。ホームに停車中の電車は唐木田の行き先表示を掲出している。◎1983年10月1日　撮影:宮澤孝一(RGG)

経堂駅のホームに佇む荷物電車。先頭のデニ1300形はデハ1300形にドアエンジンの取り外し、座席の撤去等の小改造を施した車両。1984（昭和59）年に小田急の荷物列車、社内品の鉄道輸送が全廃されるまで使用された。◎1979年8月5日　撮影：森嶋孝司（RGG）

特急「さがみ」として愛甲石田〜伊勢原間の築堤を行くNSE3100形。
前面展望座席を備えた流麗な姿は時代を経ても色あせることなく、
1980年代に後継車両が登場してからも特急運用に就いていた。
◎1990年12月25日　撮影：森嶋孝司（RGG）

冬空の下、小田原線東海大学前〜秦野間を駆けるSE3000形の特急「さがみ」。新宿と小田原を結ぶ列車で途中、向ケ丘遊園と新松田にのみ停車した。1966（昭和41）年より運行を始めた。◎1988年1月24日　撮影：松本正敏（RGG）

1984(昭和59)年に8000形のうち、8052Fと8057Fの2編成がイベント車として、小田急車両に因んだカラフルな塗装で現れた。登場後に愛称が公募されて「ポケット号」と命名。ヘッドマークを掲出し定期列車として走行した。◎柿生～鶴川　1985年7月21日　撮影：松本正敏(RGG)

各停の列車種別表示を掲出して江ノ島線の相模大野～東林間を行く9000形。厳しい地下鉄乗り入れ車の基準をクリアしながらも個性的な顔立ちとなったのは、左右非対称のデザインで高評価を得た営団地下鉄6000系を意識した結果といわれる。◎2004年11月30日　撮影：荒川好夫(RGG)

小田急向ヶ丘遊園モノレール線は1966（昭和41）年に開業し、小田急線の向ヶ丘遊園駅と向ヶ丘遊園正門前間の1.1キロを結んだ（2001年に廃止）。◎1982年5月　撮影：江本廣一

渋沢から新松田にかけては、川音川に沿った谷間を進む。車窓の左右に緑濃い山並みが迫り、箱根への道すがら、一足早く山岳鉄道の気分を味わうことができる。6両編成の急行は5000形の中でも、通称5200形と呼ばれた車両だ。
◎1991年4月9日　撮影：荒川好夫（RGG）

丹沢の山並みを背景に渋沢～新松田間を行く9000形。営団地下鉄千代田線への直通運転を前提に設計された車両だったが、後継車として1000形の登場後は小田原線の全区間を始め、広く小田急線内で運用された。◎2004年12月25日　撮影：荒川好夫（RGG）

水田が広がり、線路周辺の障害物は僅かだった頃の栢山〜開成間を行く初代4000形。冷房化、高性能化を施行された後の姿だ。小田急通勤型車両の標準色であるケープアイボリーを基調にした車体が青空によく映える。◎1997年6月21日　撮影：荒川好夫（RGG）

小田原駅で国鉄東海道本線との取次を行う貨物列車の先頭に立つ小田急の電気機関車はED1031号機。デキ1030形は1930（昭和5）年に201形として1両のみが製造され、小田原急行鉄道、東急電鉄（大東急）、小田急電鉄と渡り歩いた。◎1983年10月1日　撮影：宮澤孝一（RGG）

柿生〜鶴川間を2600形が行く。小田急で近代型通勤電車の基礎となった2400形の経済性を重視した設計思想を受け継いだ車両として2400形がHigh Economical Car(HE車)と呼ばれたのに対し、New High Economical Car(NHE車)の愛称があった。
◎1991年9月8日　撮影：森嶋孝司(RGG)

線路際の稲穂が実りの季節を謳い始めた柿生〜鶴川間を行く1000形の綾瀬行き準急。東京地下鉄、JR常磐線の共同使用駅まで、東京地下鉄千代田線を通って乗り入れる直通列車である。
◎1991年9月8日　撮影：森嶋孝司（RGG）

1987年の小田急電鉄開業60週年を記念して、同年〜翌年にかけて4編成が新製された
HiSE10000形。展望満点の特急車であったが、車内に階段があったためバリアフリーの観点から
編成数を減らし、2編成は2005年に除籍、長野電鉄に譲渡された。残る2編成は7000形と共通
運転されていたが2012年3月に引退した。◎所蔵：フォト・パブリッシング

省エネ技術の進歩に伴い、5200形・5000形を設計変更して1982
年に登場したのが8000形であり、1987年まで量産された。青電の
通勤電車はステンレス車が大半を占めるようになり、アイボリー車体
の鋼製車は8000形のみとなった。◎所蔵：フォト・パブリッシング

EXE30000形は老朽化したNSE3100形の置き換え用として1995年〜99年に量産された車両。観光客よりもビジネス・通勤輸送に重点を置いた設計となっている。そのためロマンスカーの中で最も座席定員が多く「ホームウエイ」のメイン車型として利用客に親しまれている。
◎所蔵：フォト・パブリッシング

1991年3月「あさぎり」が新宿〜沼津間の特急となり、JR東海と2往復ずつの相互乗り入れを行うことになった。それに対応するために小田急では連結方式のハイデッカー/ダブルデッカー型のRSE20000形、JR東海は371系を登場させた。◎所蔵：フォト・パブリッシング

5000形の急行相模大野行き。開成付近の直線区間は、鉄道ファンから好まれる撮影地の一つだ。◎2005年1月2日 撮影：矢崎康雄

新宿を発車した2000形は各駅停車の輸送力増強のため1995〜2001年の間に登場した形式。1000形を基本に設計され空調装置や検修機能の強化を図るとともに、ワイドドアが採用され乗降の円滑化が可能となった。◎所蔵：フォト・パブリッシング

東京地下鉄の車両が小田急多摩線を快走する光景。この6000形は間もなく引退し、列車種別の多摩急行は2018年3月に廃止された。現在、東京地下鉄とJR東日本の車両は多摩線から撤退し、小田原線の伊勢原まで乗り入れている。逆に小田急の車両は常磐緩行線の取手まで直通運転している。◎所蔵：フォト・パブリッシング

1章
小田原線

新宿区【新宿】
渋谷区【南新宿～代々木上原】
世田谷区【東北沢～喜多見】
狛江市【狛江～和泉多摩川】
川崎市【登戸～柿生】
町田市【鶴川～町田】
相模原市【相模大野～小田急相模原】
座間市【相武台前～座間】
海老名市【海老名～厚木】
厚木市【本厚木～愛甲石田】
伊勢原市【伊勢原】
秦野市【鶴巻温泉～渋沢】
松田町【新松田】
開成町【開成】
小田原市【栢山～小田原】

威風堂々としたギャンブレル屋根をもつ大秦野(現・秦野)駅の駅舎。◎1960年代　提供：小田急電鉄

新宿区【新宿】

【所在地】新宿区西新宿１－１－３　【開業】1927（昭和２）年４月１日　【キロ程】0.0㎞（新宿起点）　【ホーム】４面３線（地上）　３面２線（地下）
【乗降人員】1960年212,479人　1970年463,419人　1980年457,658人　1990年531,595人　2000年495,438人　2010年476,775人　2016年499,919人

ホームから空を望むことができた時代の小田急新宿駅。各列車の発車時刻を知らせる掲示盤の下には、新宿から国鉄御殿場線の御殿場駅を結ぶ直通運転開始を告げる広告が掲げられている。写真中央は御殿場行きのキハ5000形気動車。◎1955年　提供：小田急電鉄

1964年に現在の２層構造のホームをもつ駅ビルになる前の仮設的名駅舎。看板には箱根・江の島に加え、直通運転を開始した御殿場も書かれている。向ヶ丘遊園も全盛期であった。
◎1959年　提供：小田急電鉄

1960（昭和35）年から第一次大改良工事に入った小田急の新宿駅。事業は東京オリンピック開催前の1964年２月に完了した。構内は地上と地下部分を持つ立体構造となり、新たに地下ホームが供用された。左上のホーム屋根は京王線新宿駅。◎1961年２月４日　撮影：荻原二郎

1966（昭和41）年11月に新宿駅西口広場の立体化完成に向けて工事が進められていた。写真右端は建設工事が始まった現在の小田急百貨店本館。新宿駅西口の都市計画は戦前に決定されていたものの、第二次世界大戦の影響もあり、戦後になってスタートした。◎1965年頃　提供：小田急電鉄

1948（昭和23）年に小田急は「新宿〜小田原間1時間運転」という将来的な大きな目標を打ち出した。これを受けて1954年には画期的な新型特急（のちのSE3000形）の導入も決定したものの、「つなぎ」を担うため2300形が新製された。◎1955年7月　撮影：園田正雄

新宿駅を発車して暫くは中央緩行線と平行して走る。写真は1946年から製造された1800形通勤電車。◎1954年10月　撮影：竹中泰彦

新宿駅西口付近の空撮（1964年）

淀橋浄水場の上空から新宿駅西口方面を空撮。浄水場は1965(昭和40)年に廃止され、その後、京王プラザホテル(1971年竣工)を皮切りに、小田急第一生命ビル(1980年竣工)、東京都庁(1990年竣工)を始めとする超高層ビルが立ち並ぶ新宿副都心の建設地となった。既に小田急百貨店(現・ハルク)は開業しているが、本館にあたる部分は更地であり、南口側では国鉄の貨物ヤードが健在だ。◎1964年9月8日　提供：朝日新聞社

渋谷区【南新宿〜代々木上原】

南新宿駅 ▶【所在地】渋谷区代々木２−２９−１６ 【開業】1927（昭和２）年４月１日 【キロ程】0.8km（新宿起点） 【ホーム】２面２線
【乗降人員】1960年3,120人　1970年5,496人　1980年5,970人　1990年7,523人　2000年4,301人　2010年3,663人　2016年3,782人

参宮橋駅 ▶【所在地】渋谷区代々木４−６−７ 【開業】1927（昭和２）年４月１日 【キロ程】1.5km（新宿起点） 【ホーム】２面２線
【乗降人員】1960年10,256人　1970年13,397人　1980年16,756人　1990年15,762人　2000年15,285人　2010年14,808人　2016年15,626人

代々木八幡駅 ▶【所在地】渋谷区代々木５−６−１ 【開業】1927（昭和２）年４月１日 【キロ程】2.7km（新宿起点） 【ホーム】２面２線
【乗降人員】1960年16,122人年　1970年21,882人　1980年17,529人　1990年23,515人　2000年19,756人　2010年20,058人　2016年20,541人

代々木上原駅 ▶【所在地】渋谷区西原３−８−５ 【開業】1927（昭和２）年４月１日 【キロ程】3.5km（新宿起点） 【ホーム】２面４線
【乗降人員】1960年17,131人　1970年18,282人　1980年131,488人　1990年175,584人　2000年171,288人　2010年224,027人　2016年255,378人

移転前の南新宿駅は、現在の新宿駅の地上ホームと地下ホームが分岐する地点のやや小田原寄りにあった。1927（昭和２）年に「千駄ヶ谷新田駅」として開業、1937年に「小田急本社前駅」と改称し、1942年に「南新宿駅」となった。◎提供：小田急電鉄

移転する前の南新宿駅は、新宿駅と現在の南新宿駅の中間のカーブ上にあったため、ホームもかなりの曲線になっている。◎提供：小田急電鉄

1964（昭和39）年当時の南新宿駅。改札口のラッチは、丸みのある近代的な設え。駅舎の至近に踏切があり、旧塗装の電車が通過して行く。駅は1973年に参宮橋方へ150メートル移転した。◎1964年12月31日　撮影：山田虎雄

駅の東側にある明治神宮に因んでか、深い屋根を持ち、神殿を想わせる造りの駅舎があった頃の参宮橋駅。年末年始の神宮参拝者が増える時期には臨時改札口が設置され、文字通り神宮詣での玄関口となる。◎1969年　提供：小田急電鉄

前年に移動したばかりの南新宿駅の駅舎。◎1974年　撮影：山田虎雄

旧駅舎を建て替えた駅舎。実用本位のシンプルな構造となった。◎1979年　撮影：山田虎雄

代々木八幡駅の北口付近を、やや高い位置から望む。背景には明治神宮の杜から続く、代々木公園の丘が広がる。駅周辺の通りには、2階建て家屋の1階部分を店舗にした、個人商店が軒を連ねる。◎提供：小田急電鉄

小田急の単独駅だった昭和40年代の代々木上原。駅舎は線路よりも低い地平部にあった。駅前は都心部の途中駅という性格からか現在と同様に狭小で、駅舎の近くまで店舗が建ち並んでいた。
◎1963年12月31日　撮影：荻原二郎

代々木上原駅に掲示された直通運転開始の案内板。◎1978年3月　撮影：山田虎雄

1978（昭和53）年3月31日に地下鉄千代田線の代々木公園〜代々木上原間が開通し、小田急線との相互直通運転が開始。写真右は小田急9000形、左は営団地下鉄6000系。◎1978年
提供：小田急電鉄

代々木八幡駅を通過するキハ5000形の気動車。1955（昭和30）年11月から運転を開始し、午前の1往復が「銀嶺」、午後の1往復が「芙蓉」として走った。1959年からは「朝霧」「長尾」を加えた4往復体制となって、1968年の御殿場線電化まで活躍した。◎1963年12月31日　撮影：荻原二郎

東北沢〜喜多見付近の地図（1929年）

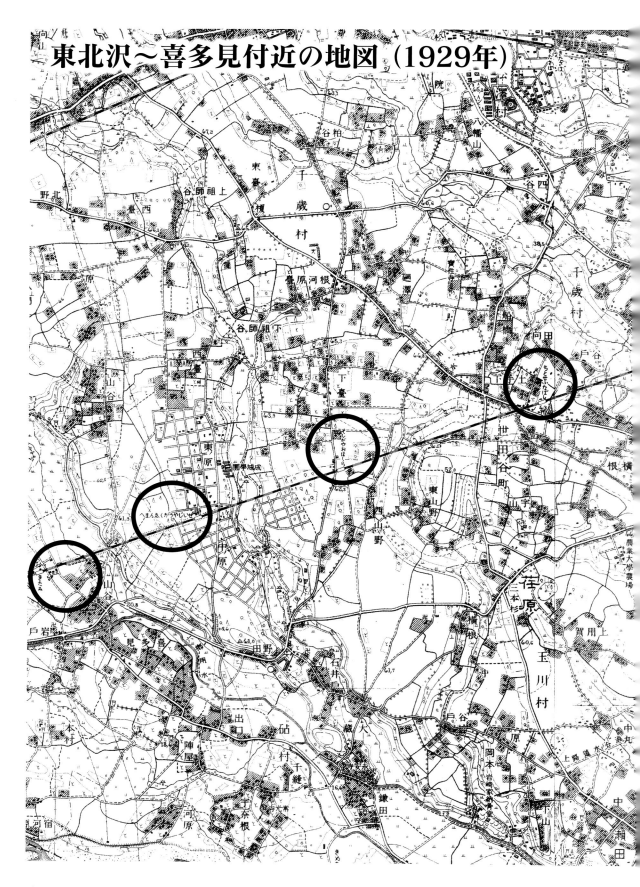

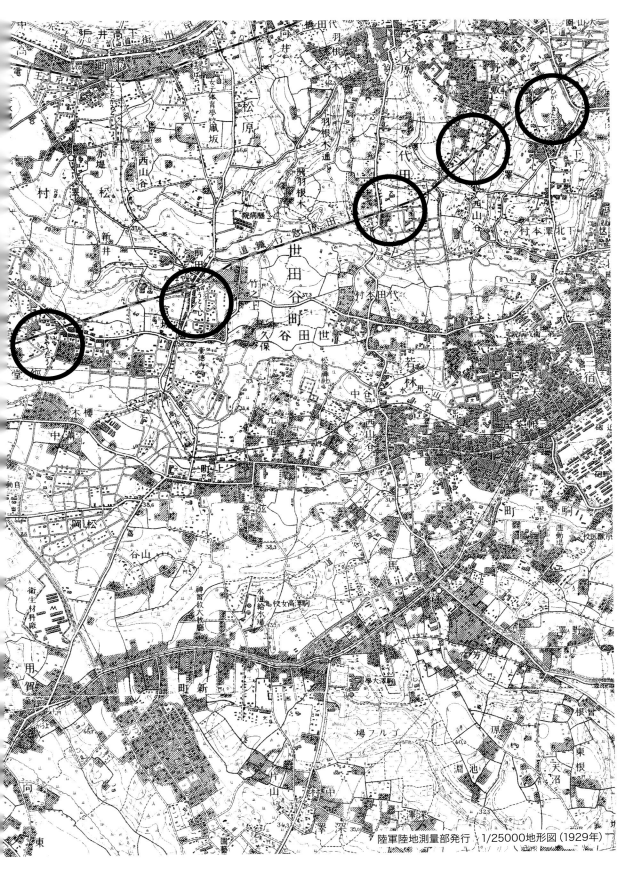

陸軍陸地測量部発行 1/25000地形図（1929年）

世田谷区【東北沢〜喜多見】

東北沢駅 ▶【所在地】世田谷区北沢３−１−４　【開業】1927（昭和２）年４月１日　【キロ程】4.2km（新宿起点）　【ホーム】１面４線
【乗降人員】1960年11,439人　1970年13,800人　1980年11,219人　1990年13,140人　2000年8,893人　2010年6,392人　2016年6,523人

下北沢駅 ▶【所在地】世田谷区北沢２−24−２　【開業】1927（昭和２）年４月１日　【キロ程】4.9km（新宿起点）　【ホーム】１面２線(地下２階) １面２線(地下３階)
【乗降人員】1960年62,827人　1970年121,570人　1980年135,764人　1990年144,688人　2000年132,408人　2010年131,989人　2016年114,922人

世田谷代田駅 ▶【所在地】世田谷区代田２−31−12　【開業】1927（昭和２）年４月１日　【キロ程】5.6km（新宿起点）　【ホーム】１面２線
【乗降人員】1960年8,519人　1970年9,071人　1980年8,937人　1990年10,425人　2000年8,534人　2010年8,164人　2016年8,150人

梅ヶ丘駅 ▶【所在地】世田谷区梅丘１−31−21　【開業】1934（昭和９）年４月１日　【キロ程】6.3km（新宿起点）　【ホーム】２面４線
【乗降人員】1960年11,374人　1970年22,003人　1980年23,036人　1990年27,792人　2000年23,948人　2010年31,060人　2016年32,408人

豪徳寺駅 ▶【所在地】世田谷区豪徳寺１−43−４　【開業】1927（昭和２）年４月１日　【キロ程】7.0km（新宿起点）　【ホーム】２面４線
【乗降人員】1960年21,427人　1970年29,737人　1980年29,592人　1990年31,534人年　2000年25,627人　2010年25,496人　2016年26,724人

経堂駅 ▶【所在地】世田谷区経堂２−１−３　【開業】1927（昭和２）年４月１日　【キロ程】8.0km（新宿起点）　【ホーム】２面５線
【乗降人員】1960年40,258人　1970年51,008人　1980年62,907人　1990年67,534人　2000年63,786人　2010年67,540人　2016年76,363人

千歳船橋駅 ▶【所在地】世田谷区船橋１−１−５　【開業】1927（昭和２）年４月１日　【キロ程】9.2km（新宿起点）　【ホーム】２面４線
【乗降人員】1960年26,905人　1970年40,877人　1980年48,129人　1990年52,679人　2000年47,008人　2010年51,666人　2016年57,112人

祖師ヶ谷大蔵駅 ▶【所在地】世田谷区祖師谷１−７−１　【開業】1927（昭和２）年４月１日　【キロ程】10.6km（新宿起点）　【ホーム】２面４線
【乗降人員】1960年22,410人　1970年34,803人　1980年30,666人　1990年34,186人　2000年33,658人　2010年42,852人　2016年48,170人

成城学園前駅 ▶【所在地】世田谷区成城６−５−34　【開業】1927（昭和２）年４月１日　【キロ程】11.6km（新宿起点）　【ホーム】２面４線
【乗降人員】1960年29,677人　1970年51,868人　1980年95,268人　2000年85,285人　2010年84,186人　2016年88,727人

喜多見駅 ▶【所在地】世田谷区喜多見９−２−26　【開業】1927（昭和２）年４月１日　【キロ程】12.7km（新宿起点）　【ホーム】２面４線
【乗降人員】1960年10,746人　1970年18,655人　1980年25,079　1990年27,537人　2000年27,860人　2010年31,518人　2016年33,662人

下北沢で交差する京王帝都井の頭線の1700形（上）と小田急線の2200形急行箱根湯本行き。両線の電車の顔が揃った瞬間だ。◎1960年10月　撮影：矢崎康雄

下北沢の東端部に位置することが駅名の由来となった東北沢。昭和40年代にはホームの高さまで嵩上げされた出入口付近の近くに改札口があった。画面左手の改札外に売店が置かれている。◎1969年４月　撮影：山田虎雄

小田原線の開通時には当時の所在地であった小字名に因み、世田ケ谷中原の名で開業した世田谷代田駅。1945（昭和20）年には戦時下の空襲で焼失し、一時営業休止となった。翌年に営業を再開し、所在地の代田村が細分化されたことに伴い現駅名に改称した。◎1969年４月　撮影：山田虎雄

梅ヶ丘駅は小田原線が開業してからしばらく経った1934（昭和9）年に開業した。建設当初は、未成線に終わった東京山手急行電鉄線との接続駅という位置付けだった。東京山手急行電鉄は、東京の外周に環状線の建設を計画した鉄道事業者である。◎提供：小田急電鉄

下北沢駅の北口と南西口は小田急の管理、西口は京王の管理となっている。小田急線の地下化によって駅構造は大きく変化した。◎1963年12月31日　撮影：荻原二郎

ホームが高架上にある豪徳寺駅。駅舎の右手に小荷物扱いの窓口があった。当駅付近で小田原線を東急世田谷線が潜る。世田谷線の山下駅が、構内の北西方に隣接している。2004年には高架複々線化が完了し、通過線を挟んだ2面2線の高架駅になった。◎1963年12月29日　撮影：荻原二郎

豪徳寺駅前商店街。飲食店の看板には中華そば40円、清酒80円書かれている。◎1951年　提供：世田谷区立郷土資料館

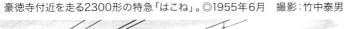

豪徳寺付近を走る2300形の特急「はこね」。◎1955年6月　撮影：竹中泰男

クハ2478は小田急で最初の通勤用冷房車。この1両のみ屋根上にクーラーがある。通勤用冷房車の新製は5000形からで、20メートル車両以外では写真の2478のみであった。◎豪徳寺 1969年2月7日　撮影：矢崎康雄

編成の中間にサハ1950形を挟んだデハ1900形。1900形は運輸省規格型として1949年に登場した。正面貫通路、テールランプを窓上に上げた「この顔」は5000形まで続いた。ガート下では東急世田谷線が交差する。◎豪徳寺　1969年2月7日 撮影：矢崎康雄

新宿の小田急百貨店全館オープンを記念して「お買いもの電車」と銘打った特別塗装電車が運転された。下が赤、上が白で金色の帯をまいていた。NHE車（New High Economical car）の2662編成（5両）。◎豪徳寺　1969年2月7日 撮影：矢崎康雄

デハ1800形は旧国鉄63形で、クハ1850形と組んでいた。この時代、既に更新されていたが、正面切妻、貫通路付きスタイルは独特だった。当時の他車両に比べ、20メートル、幅広の4扉車の輸送力は大きかった。◎経堂　1960年10月　撮影：矢崎康雄

小田急線開業当時からの荷物電車だが、帝都電鉄（現・京王井の頭線）の車体に乗せ変えられ、床下も変わって当時とは全く別物になった。写真はまだ郵便輸送も行っていた頃のデユニ1001。その後、1971年に郵便輸送がなくなったため、荷物電車のデニになった。◎経堂　1968年9月19日　撮影：矢崎康雄

2200形は2両固定編成、オール電動車、発電ブレーキ、直角カルダンという小田急最初の高性能車だった。正面2枚窓のスタイルは踏襲されず、その後の形式は正面貫通式になった。◎経堂　1960年10月　撮影：矢崎康雄

47

経堂駅の駅舎は小振りであるものの、構内に電車用の長い車庫が建ち、列車運用の拠点という性格を覗かせていた。ホームには荷物電車に乗せるものと思しき小荷物が置かれ、鉄道が物流の多くを担っていた時代を窺わせる。◎提供：小田急電鉄

ホームが地上にあった頃の千歳船橋駅。出入り口の至近に警察交番が置かれていた。当駅周辺の複々線化、高架化に伴い、2001（平成13）年より下り線で現在の高架ホームが供用を開始。翌年には上り線ホーム、2003年に新駅舎が竣工した。◎1963年12月29日　撮影：荻原二郎

経堂駅に新宿〜向ケ丘遊園間の列車が停車している。しんがりに控えるクハ1551は小田急に1両のみが在籍。元は2扉の15メートル級車だったが、旧経堂工場で車体を延長し、3扉車に改造された。◎1959年8月29日
撮影：荻原二郎

新宿〜成城学園前間の行先表示を掲出した、経堂駅付近の1900形。先頭のデハ1910はデハ1914として新製。1950（昭和25）年に2000形と改番され、1956年に再び1910形へ戻された折にデハ1910となった。◎1963年5月12日
撮影：荻原二郎

経堂駅の北側にあった小田急の経堂工場は、大野工場の完成により1962年に廃止された。工場跡地には小田急経堂アパートが建設され、その後の改築によってショッピングモールの「経堂コルティ」が2011年に開業した。◎1971年
提供：小田急電鉄

経堂駅前の「農大通り商店街」の狭い道路を、東急電鉄の東京駅乗車口（現・丸の内南口）行きバスが走る。東京駅と経堂駅を結ぶ路線は都バスと東急の共同運行路線だったが、1974年に途中の渋谷で系統が分割された。◎1960年5月14日　提供：朝日新聞社

祖師ヶ谷大蔵駅は、駅所在地が北多摩郡千歳村大字下祖師ヶ谷と砧村大字大蔵に挟まれていたことから、1927 (昭和2) 年の開業時から「祖師ヶ谷大蔵」となった。◎1963年12月29日　撮影：荻原二郎

小田急ストアの建設が進む成城学園前。同社の系列会社によるスーパーマーケットの事業展開が進むと街の鉄道玄関口等、乗降客の多い駅に隣接して店舗が続々と開店していった。◎1963年12月29日　撮影：荻原二郎

千歳船橋付近を走る小田急の荷物電車デニ1000形。荷物輸送は1984年の全廃まで続けられた。◎1971年10月2日　撮影：荻原二郎

成城学園駅の南口側。1927年（昭和2）年に開業した後、1932年に小田急電鉄初の橋上駅に改造された。2004年には地下駅化が完成し、喜多見検車区への出入庫駅となっている。◎1963年12月29日　撮影：荻原二郎

三角屋根のモダンな駅舎だった頃の喜多見駅。駅舎は上りホーム側にあり、下りホームとは跨線橋で結ばれていた。
◎1963年12月15日　撮影：荻原二郎

3両編成で喜多見付近を行く特急"乙女"。特急専用車の1700形が、吊り掛け駆動の音を優雅に響かせて走り去っていった。終戦から時を経て、箱根が温泉宿泊地として脚光を浴び始めた頃のロマンスカーだ。◎1953年12月　撮影：竹中泰彦

1961年9月の時刻表

新宿〜箱根湯本間を走る特急電車の所要時間は1時間21分で、現在の最速列車よりもむしろ速かった。新宿と御殿場を結ぶ気動車準急も、午前・午後あわせて4往復が運転されていた。

狛江市【狛江〜和泉多摩川】

狛江駅▶【所在地】狛江市東和泉１−17−１　【開業】1927（昭和２）年５月27日　【キロ程】13.8km（新宿起点）　【ホーム】２面４線
【乗降人員】1960年13,437人　1970年24,041人　1980年34,685人　1990年44,123人　2000年42,512人　2010年42,742人　2016年46,431人

和泉多摩川駅▶【所在地】狛江市東和泉４−２−１　【開業】1927（昭和２）年４月１日　【キロ程】14.4km（新宿起点）　【ホーム】２面４線
【乗降人員】1960年6,777人　1970年11,874人　1980年15,148人　1990年16,362人　2000年14,575人　2010年15,312人　2016年15,923人

高架駅になる前の狛江駅。旧駅舎は下り線側に設けられていた。1997年に高架複々線が完了し、現在の駅舎となった。◎1975年　提供：狛江市

狛江駅の２番線（下り）ホームに到着する新宿行きの各駅停車。◎1960年代　提供：狛江市

狛江駅北側に、平日の朝の通勤通学時間帯だけ設けられた臨時改札口。◎提供：狛江市

周辺人口の急増により狛江駅の乗降人員も増大したため改築された駅舎。◎提供：狛江市

和泉多摩川〜登戸間の多摩川橋梁を渡る3000形。旧国鉄御殿場線への乗り入れに備えて、1編成の車両数を8両から5両に短縮した後も、多客期等には2編成を連結した運用があった。◎1968年6月2日　撮影：荻原二郎

和泉多摩川駅では構内踏切で上下ホームを結んでいた。しかし、比較的早い時期に跨線橋が設けられ、近代的な装いの駅だった。◎提供：狛江市

写真の撮影時は2面2線の地上駅だったが、1990年代後半に高架複々線化事業と駅前再開発が進められた。◎提供：狛江市

水面に貸しボートが浮かび、行楽客で賑わう多摩川の河川敷。遠方から訪れる家族連れか、川原に自家用車が乗り入れている。画面奥では草野球の試合中。休日の楽し気な光景を見下して、小田急電車が橋梁を渡って行った。◎1980年頃　提供：狛江市

川崎市【登戸～柿生】

登戸駅▶【所在地】川崎市多摩区登戸2417　【開業】1927（昭和2）年4月1日　【キロ程】15.2km（新宿起点）　【ホーム】2面4線
【乗降人員】1970年90,982人　1980年107,807人　1990年131,859人　2000年133,240人　2010年151,819人　2016年162,422人

向ヶ丘遊園駅▶【所在地】川崎市多摩区登戸2098　【開業】1927（昭和2）年4月1日　【キロ程】15.8km（新宿起点）　【ホーム】2面4線
【乗降人員】1970年48,509人　1980年64,948人　1990年70,960人　2000年63,957人　2010年64,296人　2016年66,684人

生田駅▶【所在地】川崎市多摩区生田7－8－4　【開業】1927（昭和2）年4月1日　【キロ程】17.9km（新宿起点）　【ホーム】2面2線
【乗降人員】1970年26,158人　1980年34,594人　1990年47,272人　2000年43,799人　2010年44,042人　2016年45,735人

読売ランド前駅▶【所在地】川崎市多摩区生田3－8－1　【開業】1927（昭和2）年4月1日　【キロ程】19.2km（新宿起点）　【ホーム】2面2線
【乗降人員】1970年21,123人　1980年27,860人　1990年34,797人　2000年32,608人　2010年34,321人　2016年35,412人

百合ヶ丘駅▶【所在地】川崎市麻生区百合丘1－21－1　【開業】1960（昭和35）年3月25日　【キロ程】20.5km（新宿起点）　【ホーム】2面2線
【乗降人員】1970年29,392人　1980年33,822人　1990年32,226人　2000年17,474人　2010年20,746人　2016年21,293人

新百合ヶ丘駅▶【所在地】川崎市麻生区万福寺1－18－1　【開業】1974（昭和49）年6月1日　【キロ程】21.5km（新宿起点）　【ホーム】3面6線
【乗降人員】1980年23,015人　1990年69,091人　2000年94,054人　2010年109,156人　2016年125,659人

柿生駅▶【所在地】川崎市麻生区上麻生5－42－1　【開業】1927（昭和2）年4月1日　【キロ程】23.4km（新宿起点）　【ホーム】2面2線
【乗降人員】1970年15,841人　1980年31,411人　1990年42,499人　2000年35,411人　2010年34,824人　2016年37,413人

1927年に小田急の稲田多摩川駅が開業、1955年に「登戸多摩川駅」、1958年に登戸駅になった。右は南武線の登戸駅、左が小田急の登戸駅で、バスは川崎市営バス。高架線上には小田急の電車が見える。◎1962年4月1日　撮影：荻原二郎

1927(昭和2)年に「稲田登戸駅」として開業。1955年に向ヶ丘遊園駅に改称された。ギャンブレル屋根の駅舎で、北口駅舎として現存。駅舎の切妻上部の窓上にあるアーチ状の装飾部には小田原急行鐵道時代の社章が残されている。◎1963年11月24日　撮影：荻原二郎

小田急の電気機関車デキ1020形は1930(昭和5)年に新製された。貨物や砂利の輸送で活躍していたが、1969年に廃車となり、岳南鉄道に譲渡されて同社のED28となった(1988年に廃車)。◎登戸付近　1959年1月2日　撮影：荻原二郎

看板特急「はこね」のヘッドマークも誇らしげな1700形。1952(昭和27)年に登場した3次車は正面2枚窓、張り上げ屋根等、外観が大きく変わった。同時期に登場した旧国鉄80系電車に寄った姿となった。◎稲田登戸(現・向ヶ丘遊園)付近　1954年12月　撮影：竹中泰彦

区間運用の終点向ケ丘遊園で小休止中の2100形。1954（昭和29）年に登場した通勤型電車で車体、台車等の軽量化が図られた。小田急の車両が近代化される過渡期に製造され試作部分が多い。◎1963年9月29日　撮影：荻原二郎

小田急の荷物電車デニ1300形が向ヶ丘遊園駅のホームに進入する。荷物電車や新聞輸送電車として単行や2連、3連で全線を駆け巡ったが、1984（昭和59）年に廃車となった。◎1981年7月12日　撮影：荻原二郎

沿線にひなびた農村風景が続いていた1954（昭和29）年の生田界隈。古めかしいいで立ちの1400形が良く似合う。車内には立席客の姿を見ることができ、結構な乗車率のようだ。◎1954年12月　撮影：竹中泰彦

東生田駅として開業し、1964（昭和39）年3月に生田駅に改称。1983年に橋上駅舎が完成した。◎提供：小田急電鉄

西生田の駅名板を掲げるのは切妻屋根の小さな駅舎だ。小田原線の開通と共に開業した西生田駅は、1964 (昭和39) 年に駅の近くで遊園地「よみうりランド」が開園し、最寄り駅は読売ランド前と改称した。◎1963年11月24日　撮影：荻原二郎

昭和30年代に造成された川崎市内の新興住宅地、百合丘第一団地の最寄り駅として開業した百合ヶ丘。当初より広々とした駅前広場が造られ、高台の向うに続く家並は新たな街の発展を予感させた。◎1969年　撮影：山田虎雄

新百合ヶ丘～小田急永山間の多摩線開通 (1974年6月1日) を祝うヘッドマークを取り付けた電車。当初は多摩線内だけの運転で、新宿方面への直通電車はなかった。翌年4月23日に小田急多摩センターまで延伸された。◎1974年6月　撮影：荻原二郎

多摩線の開業に伴い建設された「新百合ヶ丘」。隣駅の「百合ヶ丘」が街の名前として既に定着していたことから、百合丘の新しい駅という位置づけで名称が決まった。百合ヶ丘駅とは僅か1キロメートルの駅間距離だ。◎提供：小田急電鉄

開業時に準備された1200形・1250形・1300形とその後の増備車1400形は、1959〜1960年に車体更新されて、1400形に準じた車体に統一された。更新後中距離列車に使用された後、その多くが地方の中小私鉄に譲渡された。◎1964年6月 撮影:髙井薫平

1954年に登場した小田急最初の高性能電車で、初めて1C8MのMM'方式を採用した車両である。最初の8両×4編成は駆動方式に直角カルダンが採用されたが、その後の車両は並行カルダンに代わった。正面2枚窓の非貫通だったが、その後の車両は貫通式になった。◎1968年6月 撮影:髙井薫平

小田急電鉄の多くの駅のホーム長は70メートルと短かったため、将来の車両大型化を見越して登場した「High Économical Car」電車、HE車と称し、動力車と、付随車の車体長、重量、車輪径を替え、M車19.3メートル、Tc車15.9メートルになっている。◎1968年6月 撮影:髙井薫平

デハ1300形3連による新聞輸送列車。HB車の車体更新時、この3両は両開き2扉車に更新された。旅客用に使われることは少なく、もっぱら新聞輸送や荷物輸送に使用され、そのうちに形式もデニに変更された。◎鶴川　1968年4月　撮影：髙井薫平

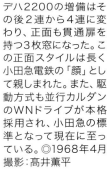

デハ2200の増備はその後2連から4連に変わり、正面も貫通扉を持つ3枚窓になった。この正面スタイルは長く小田急電鉄の「顔」として親しまれた。また、駆動方式も並行カルダンのWNドライブが本格採用され、小田急の標準となって現在に至っている。◎1968年4月　撮影：髙井薫平

日本の電車技術発達史の1頁を飾る電車である。第二次大戦終結から15年が経った頃、国鉄の技術研究所と小田急電鉄の技術陣が協力して作り上げたもので、これまでの電車の技術を全く変えた車両である。軽量構造を取り入れた鋼体、連接構造、高速モーターの採用などで、新造時間もなく国鉄の三島〜沼津間で行われた高速試験では時速145kmに達した。「SE車」は4編成が投入され、箱根観光のエースになった。◎鶴川　1968年4月　撮影：髙井薫平

沿線に家屋が建つものの、旧駅舎が建っていた頃の柿生駅周辺は、山野が広がる長閑な農村地帯だった。小さな待合室には、出入り口付近までベンチが置かれ、壁には伝言板として使われる黒板が掛かっている。
◎1963年11月24日　撮影：荻原二郎

「初花」のヘッドマークを掲出した1700形の特急。2扉のクロスシート車は、側面の形状が客車のようだ。列車名は現在、箱根に建つ小田急系列のホテルに「はつはな」として継承されている。
◎柿生　1954年12月　撮影：竹中泰彦

五月に入り、線路端の草木が勢いを増し始めた柿生付近を新宿行き急行が行く。車体は原色茶色のままだが、前面の窓周りは更新工事を受けた後でHゴム化されていた。◎柿生　1961年5月　撮影：竹中泰彦

小田原線を行くキハ5000形。第二次世界大戦後に東京急行電鉄(大東急)が策定した、「鉄軌道復興3か年計画」に記された小田原線と旧国鉄御殿場線の直通運転が、小田急時代に自社所属の気動車で実現した。◎柿生　1961年5月
撮影：竹中泰彦

特急「はこね」として小田原線を行くSE3000形。1957(昭和32)年製の特急専用車は、8両固定の連接車で、登場時から極めて強い個性を放っていた。一度でも見れば小田急ロマンスカーの印象を脳裏に強く焼き付けたものだ。◎柿生　1961年5月　撮影：竹中泰彦

『川崎市史』より

小田原急行鉄道の開通

　小田原急行鉄道は、大正9年（1920）8月に利光鶴松ほか7人の発起人によって申請がなされた東京高速鉄道を前身とする（『鉄道省文書』巻一　小田原急行鉄道　神奈川県立文化資料館架蔵複写資料蔵）。大正12年3月小田原急行鉄道と商号を変更し、5月に創立総会が開催され、利光鶴松が取締役社長に就任した。

　大正14年11月、新宿－小田原間の工事が着工された。最初の計画では新宿－小田原間のうち、稲田登戸（現向ヶ丘公園）までが複線、稲田登戸－小田原間が単線の予定であった。しかし、利光がほかの私鉄を視察した結果を受け、全線複線化と決定された。開業までの文字どおり突貫工事が行われ昭和2年3月に工事が完成し、4月1日小田原急行鉄道は開通した。当日の朝日新聞は、祝賀飛行を行い空中から時刻表を沿線に散布する予定であると報じている（『東京朝日新聞』昭和2年4月1日）。なお、全線複線運転は半年遅れて10月15日からである。開業した区間・営業成績は全線82.8キロメートルで、車輌は新宿－稲田登戸間18輌、新宿－小田原間12輌、合計30輌が整備された。運行回数は45分ごとに24回で、新宿－小田原間の所要時間は2時間23分、運賃は1円36銭であった（『小田急五十年史』）。

　沿線の稲田・生田・柿生の各村は発展する好機を迎えたが、いずれも急行の迫過駅にとどまったために開発は遅れた。一方、稲田多摩川（現登戸）と稲田登戸（現向ヶ丘遊園）の両駅は、地域開発の拠点として主要駅とされ、駅周辺部には商店街が形成され、通勤者が増大してきた。稲田登戸駅には、都会人の憩いの場として長尾の丘陵に向ケ丘遊園地を建設し、園内には遊戯・運動施設などを設けて東京・川崎の住民の行楽地として親しまれた（遊園会『向ケ丘遊園小史』）。

　稲田登戸と稲田多摩川の稲田地区は南武鉄道との連絡駅であったので、工場が進出する内陸部工業地域を形成するまでにはいたらなかった。

　また、小田原急行鉄道は昭和4年4月に、大野村から分岐して片瀬江ノ島までの江ノ島線を全線複線化開通させた。小田原急行鉄道の敷設計画が決定したとき、敷設後の発展を見越して、停車場の設置を条件に用地の無償提供を申し出る者が少なくなかった。その結果、誘致合戦が起こり、地元が二つに割れるという事態にまで発展した。その具体例が生田村の駅誘致運動である。

　「生田村停車場問題紛擾ノ真相」によると、当初生田村は村役場や学校のある東生田に駅の設置要望し、生田村の代表者、さらに向丘村長も加わり小田原急行鉄道と交渉をしていた。その矢先、西生田地区の有力者である農機具製造の細王舎工場が停車場敷地1200坪、工事費3000円を寄付するという条件で、西生田に誘致を働きかけ村会でも支持されたため、西生田駅の設置が有力となった。これに驚いた東生田地区の住民は、集会を開くなどの反対運動を展開し、東生田に駅が設置されなければ用地の売却はしない、と強行な態度を示したために大騒動となった。最終的には、小田原急行鉄道が東生田（現生田）と西生田（現読売ランド前）の両駅を設置することを決めたことによって、この騒動も治まることになった（『小田急五十年史』）。小田急線通過の町や村で、当時二駅というのは生田のみであった。

67

町田市【鶴川〜町田】

鶴川駅▶【所在地】町田市能ヶ谷１−６−３　【開業】1927（昭和２）年４月１日　【キロ程】25.1km（新宿起点）　【ホーム】２面３線
【乗降人員】1960年4,774人　1970年28,000人　1980年45,537人　1990年59,312人　2000年60,745人　2010年68,186人　2016年69,224人
玉川学園前駅▶【所在地】町田市玉川学園２−21−９　【開業】1929（昭和４）年４月１日　【キロ程】27.9km（新宿起点）　【ホーム】２面２線
【乗降人員】1960年7,831人　1970年22,871人　1980年35,721人　1990年43,422人　2000年45,649人　2010年48,962人　2016年48,216人
町田駅▶【所在地】町田市原町田６−12−20　【開業】1927（昭和２）年４月１日　【キロ程】30.8km（新宿起点）　【ホーム】２面４線
【乗降人員】1960年42,215人　1970年132,033人　1980年197,392人　1990年287,589人　2000年277,304人　2010年290,625人　2016年291,802人

駅周辺の地名までが、隣接する大学施設と同じ玉川学園駅。玉川学園の創始者だった小原國芳が当時の小田原急行鉄道へ駅舎を無償提供し、当駅に列車を停めるように要請した。
◎1963年11月10日　撮影：荻原二郎

玉川学園付近を行く1900形。東京急行電鉄(大東急)から小田急電鉄として独立して初めての新造車両だった。1949(昭和24)年に川崎車両で製造された3扉のロングシート装備車である。◎1961年5月　撮影：竹中泰彦

玉川学園前駅ホームに停車する新聞輸送電車のデニ1300形。昭和初期に製造され、1984年に小田急線から荷物輸送が廃止（朝刊輸送は1971年に廃止）されるまで活躍した。◎1963年　撮影：荻原二郎

鶴川駅付近。◎年代不詳　提供：町田市

新原町田駅付近。◎1967年　提供：町田市

新原町田駅付近の踏切。◎1962年　提供：町田市

1971年に大丸町田店として開業。2000年に閉店して現在はマルイグループのショッピングモール「町田モディ」となっている。◎1971年　提供：町田市

原町田駅前の再開発事業により、国鉄の駅が小田急側に移動。駅前にはペデストリアンデッキの建設が進められている。◎1980年　提供：町田市

ギャンブレル屋根をもった駅舎が特徴の新原町田駅。◎1952年　提供：町田市

1960年代～90年代の
小田急線の切符

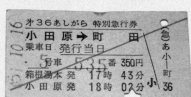

町田駅付近の空撮（1984年）

小田急線と国鉄横浜線の町田駅付近から新宿方面を空撮。写真中央やや左側を上下に走るのが小田急線、左右に走るのが横浜線。この写真が撮影される4年前の1980年に、国鉄原町田駅が小田急線の新原町田駅寄りに移動して、乗り換えが便利になった。◎1984年9月　提供：朝日新聞社

境川を渡る小田急のモニ1形重連の機関車が牽引する貨物列車。右は国鉄横浜線を走るキハ41000形気動車。◎1935年　撮影：荻原二郎

駅ビルからたくさんの利用客が出て来た。新原町田駅として開業した現在の町田駅は、旧町田町が1958（昭和33）年に周辺町村と合併し、町田市となってからもすぐには駅名を変えなかった。原町田の駅名が既に地元で定着していたからだろうか。◎1966年　提供：小田急電鉄

小田急百貨店町田店開業を約2年半前の新町田駅ホーム。駅ビル工事が進められている。◎1974年4月　撮影：山田虎雄

1976年9月に開店した小田急百貨店町田店。2階と3階の間（中3階部分）を小田急線が貫くスタイルで建設された駅。傾斜地にあるため、新宿寄りではホーム（中3階）は地平でコンコース（2階）は地下に当たる。一方、相模大野寄りではホームは高架で、コンコースも地平より高い位置にある。◎提供：小田急電鉄

『相模原市史』より

小田原急行鉄道開通前夜

　昭和2年1月22日多摩・相模・酒匂三大河川の架橋工事その他が竣工した。次いで2月25日には新宿〜小田原間旅客運賃制定および旅客運賃特定に対し認可が得られた。この年2月から3月にかけては雪が降り続き、工事の最後の仕上げに支障を来たしがちであった。特に架線の工事は遅れ、通信・信号関係方面がはかどらず、社員全部が出勤して協力した。3月10日には全線各駅へかねて養成されていた駅長・助役が配置され、同日より20日まで昼間の試運転、20日から月末までは夜間の信号運転などの練習を行ない、乗客の取扱いや貨物の運輸などにいたるまで練習が続けられた。3月末になり監督官庁から派遣された竣工監査の係官も、一週間にわたり社員と起居を共にして工事の指導をし、3月31日開業前日の午後5時にようやく開業許可の指令が下付された。

　翌4月1日開通の日には、沿線各駅とも花火の打ち揚げや芝居などの余興を行ない祝意を表した。しかし電車の運行の方はあまり順調には運ばなかった。

　全線複線の計画ではあったが、ちなみに全線複線運転が開始されたのは昭和2年10月15日からである。全線82.8キロで、車両は新宿〜稲田登戸間に18両、新宿〜小田原間12両、合計30両準備された。新宿〜小田原間の停車場と停留場数は36か所、運行回数は45分ごとで24回、所要時間は2時間23分で、運賃は1円36銭であった。

　開通前には沿線住民から大きな期待をかけられ、喜び迎えられたのではあったが、開通後の利用者はきわめて少なく、駅によっては駅員数の方が乗降客数より上回るという有様であった。中原の座間駅前にも何軒かの商家や住宅が建てられたのではあったが、経営できず空家のままでいる始末であった。小田原急行鉄道では、昭和2年上半期の従業員数1,033人を下期には830人に減らした。この人員整理の原因について、「小田急25年史」は「関東で急行電車のトップを切ったという名目の手前、乗降客の数量などは念頭におかず、堂々とした形式をとったからであった」と述べている。なお昭和2年以後の経済恐慌は、交通運輸業にも深刻な打撃を与え、事業の不振はひとり小田原急行鉄道のみではなかったのである。

　しかし同2年10月25日には、全線が完全に複線の開通を見たため、車両数も増加し、急行列車や一般運転時間の短縮、列車増発などを行なったため、昭和3年下期にいたって、前年にくらべて乗客数は3割7分強、客車収入は2割8分弱、運輸収入は3割1分弱、全収入4割2分弱の増加を示した。なおうちつづいた不況の中で、連年政府の補助金が得られたことは、たとえ僅少であったといえ、旱天に滋雨を得る思いであった。この年12月本社の建築が落成して、渋谷区千駄ヶ谷5丁目862番地に移転した。

小田原急行江の島線開通

　大野村谷口深堀付近から分岐した江の島線27.3キロの工事は、全線を3工区に分け、昭和3年2月1日に着手した。

同年8月7日路線の一部に対し地方鉄道補助金下付の認可があった。昭和4年1月に長後変電所が竣工し、同年2月18日藤沢〜片瀬江の島の工事に着手し、2か月後に完成して、4月1日江の島線が開通した。停車場数は13か所、新宿からの所要時間は1時間33分、運行回数は一時間間隔で一日6回、旅客運賃は片道95銭であった。江の島線開通後の一日の平均運輸収入は、6,883円余で、前年の同期にくらべ、1,972円（4割強）の増加となった。夏季においては、鵠沼・片瀬など海岸地帯への海水浴客のために、新宿から海岸までの直行電車を出し、昭和6年夏からは規定運賃の半額に割引したので、相当の効果があった。

　なお前項記載のように、この沿線の土地を買収し、林間都市を建設して、都塵を避けて田園生活の興趣を求める人のために提供した。また大野村中和田・大和村公所の間にかけて20万坪の土地を求め、ゴルフ場を建設して、相模カンツリー倶楽部と称し、昭和6年9月27日に開場した。

小田原急行鉄道の田園都市経営

　会社の付帯事業として沿線に田園都市を経営するために、当初小田原急行土地株式会社を設立し、次いで本社と合併した経緯については前述したが、これにより高座郡大和村から山林・畑地約52万坪を買収して南林間・中央林間と名づけ、座間・大野両村からは約34万坪を買収して座間・東林間と名づけた。買収平均単価は坪1円強であった。その中大野村中和田分約15万坪は、岩本信行が委員長となって交渉を進めた。当時農工銀行から借金をする場合、担保として一反につき4〜50円しか貸さなかった時代であるから、坪1円1反300円というのはよい値段であった。この買収金が地元に支払われたのは大正15年11月23日であった。当時現金収入の乏しかった土地柄であっただけに、この思いがけない大金がはいってきたことは、すこぶる世間に話題を提供したようであった。

（中略）

　この預金争奪戦は同年8月末大和地区に支払われた際にも行なわれ、この時は金額も多く75万円（最高25万円・最低千余円）であったため、より以上にはげしく、三井・三菱以下各銀行とも大勢繰り出し、警察も部長以下7名が監視にあたった。なお座間村皆原付近五六町歩・42万円（地主120名）の支払いは、同年12月24〜25両日行なわれた。

　さて会社が以上の土地を分譲しだしたのは昭和4年からであった。その後昭和15年9月東京横浜電鉄株式会社に販売を委託し、同18年6月には座間の約17万坪を箱根土地株式会社に譲渡し、士官学校の将校下士官の住宅建設地に使用した。

　満州事変から太平洋戦争へとますます戦争が苛烈となった昭和17年ごろ、いずれの農村も主食供出を強く迫られ、大野村中和田地区もその例に漏れなかった。そこで先に小田急に売却し、まだ空閑地のままである沿線の土地を借り受けて、開墾しようということに、人々の意見がまとまった。直ぐに県庁の小作官に陳情して視察をうけ、許可を得て後、小田急本社に行って社長に話をつけ、会社と県知事との間

に契約が結ばれた。小作料は徴収しない代り、会社の必要の際は直ちに返却すること、何を作ってもかまわないが、家屋を建ててはいけないなどということが条件であった。

昭和20年5月5日小田急は電力節約のために、東林間駅の停車を中止してしまった。そして8月15日に終戦を迎えた。この時中和田部落では先に小田急から借り受けていた小作地につき、払下げを受けるか、それとも返却するかにつき、部落でいろいろ協議をした結果、払下げを受けてこのまま営々と農業をつづけるよりも、返却して小田急に協力した方が将来の土地の発展のためによかろうということに決し、線路の西側新開分8万坪を離作料5万円で返却した。その際の条件としては、第一に東林間駅の再開、第二に会社が坪1円で買収した土地なのだから、なるべく安く分譲し、無料パスを出してほしいなどということであった。

昭和23年6月小田急電鉄株式会社発足当時の残地は、南林間・中央林間約16万9千坪と東林間約8万7千坪であったが、昭和24年ごろから第一次より第四次にわたって土地分譲を行ない、やがて余すところはなくなった。

小田原急行鉄道の砂利採取

小田原急行鉄道では当初から砂利採取の計画はあったらしく、大正15年4月15日、市域麻溝村々会開催の席上へ、同社員木村某が臨席して次のような希望を申込んだ。「麻溝・新磯・大野三村地内で80万坪の土地を時価で購入したい。購入できた場合は、大野村中和田地内から支線を分岐し、下溝横山上の山の神付近から相模川河畔へ降る砂利運搬のための一線を設ける」旨を述べている。その後会社からは何の話もなく、このことは立ち消えとなった(座間幸造日記)。開通後砂利採取は、主として田淵組が工事用・営業用として和泉多摩川・相模川などから採取したものを、会社は貨物輸送して運賃を受け取るのみであった。それが会社自体として直接に砂利の採取と販売とを始めたのは、昭和8年からであった。昭和8年11月28日指令河952号で砂利・砂払下げの許可を受けた。相模川の場合でいうと、新田宿と新磯の二か所であった。新田宿の礦区は約10万坪、昭和8年契約で、三か年の期間であった。設備としては採取船2隻・ガソリン機関車2台・鍋トロ20台・運転用軌条約3キロ・容量70坪のホッパーがあった。座間駅に引込線を設け、採取所からトラック運送をし、同駅ホッパーに移した。販売先は東北沢駅に輸送し、同ホッパー渡しとして北沢砂利商会に直売した。新磯の礦区は約30万坪、昭和9年契約で三か年の期間であった。設備に採取船3隻・ガソリン機関車10瓲2台4瓲4台であった。座間駅(現相武台前駅)まで約4キロの軌条を設け、150立坪のホッパーを作り、礦区から直通運搬した。この運搬のための軽便軌道の敷設につき、昭和9年3月4日同29日の両日、新磯村では協議会を開き、下記の条件をつけて認めている。「(一)耕作道に支障のないようにする。(二)濁水が流下しないようにする。(三)座間駅および新磯駅の開発に好意的な措置をとる。(四)用地の買入を希望する。」。この販売方法は、会社直営と浅野商店への卸売の二本立てとした。のち南武鉄道と協同して稲田登戸駅から連絡線約1キロを新設し、川崎河岸に出張所を作って浅野商店への一手販売とした。新田宿採取の砂利は、自動車運搬では採算がとれないので、相模鉄道と交渉し、同線入谷駅までトロリー線を設け、桟橋を造って引込

線の貨車に積み、省線経由で搬出した。新磯〜相武台前駅間トロリー線は、昭和11年士官学校設立によってその一部を同校に売却し、新磯小学校と相武台下駅間にトロリー線を設け、引込線・積込桟橋を造って省線経由で搬出した(「小田急25年史」272頁〜275頁)。相模川以外では中津川・川音川・酒匂川で砂利採取を行なっている。

麻溝村下河原民有地の砂利採掘権は、すでに相模鉄道と契約してあり、昭和14年の期間満了後も協定契約ができることになっていた。ところが村の顔役某が、相模鉄道に一応の交渉もしないで、地主をごまかし、小田急と相模鉄道期間満了後の売渡し契約をしてしまった。「朝日新聞」神奈川県版は昭和9年7月25日付の記事でこのことを暴露し、「砂利を食ふ顔役、いかさま手段の大幅頭はね」という見出しで掲載した。地主連は怒ってこの件を上溝警察署に持ち出し、警察では小茄子川駐在巡査に命じて調査に着手させた。その間県会議員岩本信行が幹旋に乗り出したが、地主側はなかなかその調停に応じなかった。しかし岩本県議が小田急側に対し無条件解約を承認させたので、同年9月14日関係者集合の上円満に解決した(座間幸造日記)。その後この麻溝村下河原砂利採掘権につき、挙村一致で相模鉄道と慎重に交渉の結果、翌昭和10年12月27日にいたり、向う14か年間1万5千4百円(一年千百円ずつ納入)の条件で、砂利・砂採取権譲渡の契約が相模鉄道側と成立した。

小田原急行鉄道その後の推移

昭和11年以来、座間駅付近に士官学校・通信学校・電信隊・陸軍病院、江の島線付近にも飛行場・海軍電探学校など軍部の諸施設が新設されるようになり、この地域は軍都としてにわかに世間の注目を浴び、活況を呈してきた。そしてそれはこの線の発展をも促進させた。

（中略）

電気局・東京電燈その他への電力提供は、日本発送電の方へ移ってしまった。そこでその後は電気鉄道の方に本腰を入れることにし、昭和16年3月1日小田原急行鉄道株式会社を合併解散させ、鬼怒川水力電気は小田急電鉄株式会社と改称した。なおその前年の15年5月に小田原急行鉄道(株)は帝都電鉄(株)と合併し、資本金は4,280万円となっていた。

昭和16年7月副社長利光学一が取締役社長に昇任したが、間もなく同年9月に取締役五島慶太に社長の席を譲った。

翌17年5月1日京浜電気鉄道(株)とともに、東京横浜電鉄(株)と合併し、東京急行電鉄(株)と改称した。資本金は2億480万円となった。旧小田急電鉄は新宿営業局として東急電鉄の一支局となり、その管下の線路は次のように定められた。

小田原線(新宿〜小田原間)・江の島線(相模大野〜片瀬江の島間)・井の頭線(渋谷〜吉祥寺間)

昭和18年3月末で海老名国分駅は廃止され、同年4月箱根登山鉄道と連絡運輸を開始した。

昭和19年1月10日限りで大山鋼索鉄道と伊勢原自動車との連絡運輸を廃止したことは、戦運日に日に不利なることを思わせられる。同年5月末京王電気軌道(株)を合併し、資本金2億2415万円となった。次いで6月1日駅名旧「河原口」を「厚木」、旧「相模厚木」を「本厚木」と改称した。同年11月16日空襲・天災の事変による旅客の振替輸送と省線列車の小田原線直通運転実施につき特別に規定を設けた。

相模原市【相模大野～小田急相模原】

相模大野駅 ▶【所在地】相模原市南区相模大野３－８－１ 【開業】1938（昭和13）年４月１日 【キロ程】32.3km（新宿起点） 【ホーム】２面４線（他に通過線２線あり）
【乗降人員】1970年56,189人　1980年67,214人　1990年82,172人　2000年83,802人　2010年88,789人　2016年129,096人
小田急相模原駅 ▶【所在地】相模原市南区南台３－20－１ 【開業】1938（昭和13）年３月１日 【キロ程】34.7km（新宿起点） 【ホーム】２面２線
【乗降人員】1970年37,939人　1980年51,391人　1990年62,898人　2000年57,110人　2010年55,438人　2016年56,153人

準特急「須雲」のヘッドマークを掲げ相模大野駅に2300形が入って来た。小田急の準特急は、「はこね」等の特急を補完する列車として休日を中心に運転された。3100形が登場した1963（昭和38）年に廃止。◎1963年１月27日　撮影：荻原二郎

相模大野駅は、1929年に現在地よりも200メートルほど小田原寄りに「大野通信所」が開設。1938年に陸軍通信学校が最寄りに移転してきたため「通信学校駅」として駅が開業した。その後、軍事施設を秘匿とする国策によって1941年に「相模大野駅」へと改称した。
◎提供：小田急電鉄

改札口の前に吹きさらしの小さな待合室が設けられている木造駅舎時代の相模大野。管区長、駅長所在駅で、近隣の駅を管理する鉄道運営の要所という位置付けからは想像できない、遠い日の情景だ。◎1963年9月29日　撮影：荻原二郎

相模大野駅の上りホームに停車中の電車は手前が1800形、奥が1400形。◎1964年　撮影：荻原二郎

車体のリベットが厳めしいデハ1200形は、小田原急行鉄道時代の1926(大正15、昭和元)年から翌年にかけて製造された古豪。晩年には貫通扉の増設などで、原形とは大きく異なる姿になっていた。
◎相模大野　1966年　撮影：荒川好夫(RGG)

小田急相模原駅の北口側には商業施設が多い。橋上化が完成した駅ビルにはスーパーマーケットの「小田急OX」が開店。ちなみに「OX」のオーは小田急、エックスはExchange（交換・取引所）の略で、戦後の米軍基地内の施設「PX」をもじったとも伝えられる。
◎提供：小田急電鉄

現在は駅前に大型商業施設が建つ小田急相模原駅界隈。しかし、近隣地域の宅地化が進行する以前は、ブロック塀に鉄骨むき出しの屋根が被さる、簡素な設えの駅だった。画面中央には、町田にある小田急ストアの広告看板が建つ。◎1962年4月1日
撮影：荻原二郎

昭和40年代の小田急相模原駅前。ロータリーの中に簡易なバス停が設けられている。軒を連ねる個人商店に混じって販売店、レストラン等のチェーン展開を進めていた洋菓子メーカー不二家の店がある。
◎提供：座間市教育委員会

狛江〜生田付近の地図（1929年）

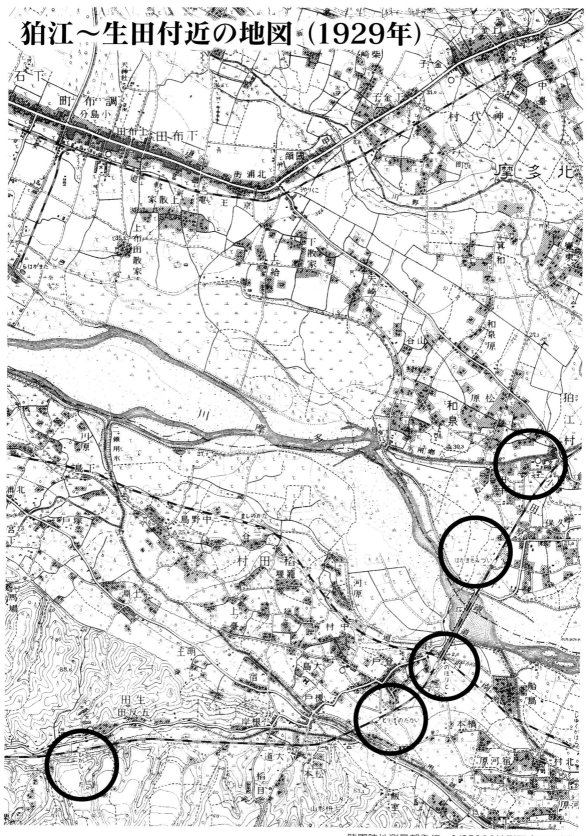

陸軍陸地測量部発行　1/25000地形図 (1929年)

町田～相模大野付近の地図（1929年）

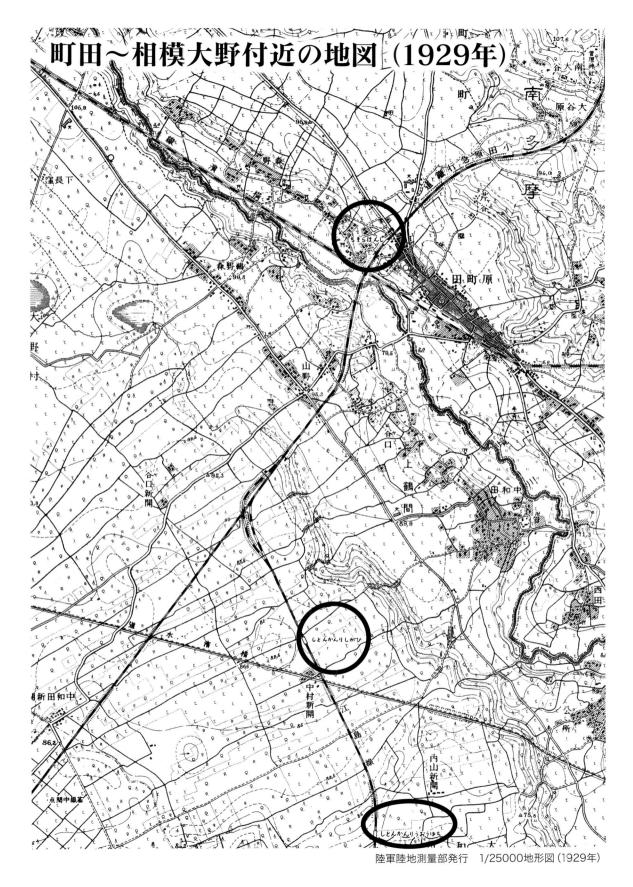

陸軍陸地測量部発行　1/25000地形図(1929年)

座間市【相武台前〜座間】

相武台前駅 ▶【所在地】座間市相武台1−33−1 【開業】1927（昭和2）年4月1日 【キロ程】36.9km（新宿起点） 【ホーム】2面4線
【乗降人員】1970年28,356人　1980年36,034人　1990年46,764人　2000年41,456人　2010年39,193人　2016年39,399人
座間駅 ▶【所在地】座間市入谷5−1682 【開業】1927（昭和2）年7月28日 【キロ程】39.2km（新宿起点） 【ホーム】2面2線
【乗降人員】1970年9,767人　1980年19,353人　1990年25,666人　2000年22,979人　2010年22,018人　2016年21,613人

軽快な2両編成のいで立ちで、相模大野行き各停の2200形が相武台駅に到着した。車体に埋め込まれた前照灯、標識灯が近代化初期の車両であることを窺わせる。ゆったりとした長さのホームが、短編成をさらに小さく見せた。◎1963年7月7日
撮影：荻原二郎

相武台前駅の駅前。1960年代以降、日産自動車の進出等により、かつての農村風景から都市へと変化をとげた時期。写真撮影後の1970年7月には相武台前駅の橋上駅舎が完成した。
◎1970年2月　提供：座間市教育委員会

1970 (昭和45) 年に橋上化される以前の相武台前駅舎。出入り口付近上に浅い三角屋根が被さり、重厚な雰囲気を湛えていた。駅に隣接して車両工場が1962 (昭和37) 年まで設置されていた。◎1963年7月7日　撮影：荻原二郎

相武台前とともに米軍キャンプ座間に近い座間駅。構内を跨ぐ自由通路と橋上駅舎は1978 (昭和59) 年に完成した。2003 (平成15) 年にエレベーターの設置に伴う通路拡幅等、構内の改良工事が実施された。◎1978年5月　撮影：山田虎雄

相武台駅前周辺を構内の北西方から俯瞰する。駅前を横切る道路は県道51号線。画面右手の森は米軍キャンプ座間だ。1971 (昭和46) 年の撮影で、駅に入って来る列車は近代型車両ながら編成が短い。◎1971年12月　提供：座間市

1927 (昭和2) 年7月に「新座間駅」として開業後、1937年には「座間遊園」に改称 (小田急が遊園地を計画)、1941年に座間駅となった。◎1963年11月10日　撮影：荻原二郎

海老名市【海老名～厚木】

海老名駅▶【所在地】海老名市上郷570　【開業】1941（昭和16）年11月25日　【キロ程】42.5km（新宿起点）　【ホーム】2面4線
【乗降人員】1960年00,000人　1970年36,199人　1980年79,940人　1990年129,477人　2000年128,083人　2010年131,395人　2016年148,434人

厚木駅▶【所在地】海老名市河原口１-１-１　【開業】1927（昭和２）年４月１日　【キロ程】44.1km（新宿起点）　【ホーム】2面2線
【乗降人員】1960年00,000人　1970年8,911人　1980年15,606人　1990年18,850人　2000年18,533人　2010年19,773人　2016年21,098人

現在地に移転した当時の海老名駅東口。駅前には更地が広がっていた。◎1973年　撮影：山田虎雄

昭和60年代初めの海老名駅前。ロータリーの中央部分は植木のある緑地帯になっている。歩道上に延びる上屋に沿ってバス停、タクシー乗り場等が整備されている。画面右手奥のホームに相模鉄道の列車が停車中。◎1986年頃　提供：海老名市

移設前の海老名駅ホーム。新原町田行きの1400形が座間方面へと向かう。「横浜方面のりかえ」の案内表示も見える。1973年12月に、小田原寄りに約400メートル移設された。◎1967年 撮影：荻原二郎

移設前の小さな海老名駅舎。1941（昭和16）年に駅が開業した際は、神中鉄道（現・相鉄本線）だけの駅だったが、翌々年から小田急の旅客営業も開始された。◎1970年　提供：海老名市

駅舎を小田急と国鉄（現・JR）相模線が共用する厚木駅。窓口、自動券売機の上には運賃を記した2社の路線図が掲げられている。画面右手の高架部分が小田原線のホームだ。◎1985年4月 提供：海老名市

厚木市【本厚木～愛甲石田】

本厚木駅 ▶【所在地】厚木市泉町1－1　**【開業】**1927（昭和2）年4月1日　**【キロ程】**45.4km（新宿起点）　**【ホーム】**2面4線
【乗降人員】1960年00,000人　1970年61,982人　1980年103,087人　1990年155,769人　2000年148,086人　2010年141,487人　2016年153,562人

愛甲石田駅 ▶【所在地】厚木市愛甲1－1－1　**【開業】**1927（昭和2）年4月1日　**【キロ程】**48.5km（新宿起点）　**【ホーム】**2面2線
【乗降人員】1960年00,000人　1970年6,087人　1980年12,804人　1990年44,338人　2000年47,026人　2010年47,713人　2016年52,110人

1976（昭和51）年に高架化された本厚木駅。翌年には駅周辺の連続立体交差化も完成した。大きな変貌を遂げた小田原線の界隈は街の再開発が手付かずの所もあり、空き地が散見される状況だった。
◎提供：小田急電鉄

1927（昭和2）年4月に「相模厚木駅」として開業、1944年に本厚木駅に改称された。周辺にはゴルフ場も多く、送迎バスの乗り場も設けられていた。◎1963年11月10日　撮影：荻原二郎

鉄骨造りの上屋が改札口付近に被さる、簡素な設えであった時代の本厚木駅。当駅は相模川を越えて厚木市内にある。第2次世界大戦前には、神中鉄道（現・相模鉄道）が海老名から当駅まで乗り入れていた。
◎1969年　提供：厚木市

駅舎や駅前ロータリーが整備途上の本厚木駅南口。◎1989年頃
提供：厚木市

1987年に橋上駅化され、北口側（国道246側）にはバス停が整備された。現在もバス路線の多くは北口から発着している。◎1988年　撮影：山田虎雄

1960年代までは農村風景が広がっていたものの、70年代以降は住宅や学校が増え、1987年12月に橋上駅化された。◎1963年10月20日　撮影：荻原二郎

SE3000形の特急「はこね」が本厚木を通過する。写真は後継車3100形登場後の1965年（昭和40）年に撮影されたものだが、原形を留めた姿でロマンスカーの主力として君臨していた。
◎1965年5月　撮影：荒川好夫（RGG）

本厚木駅に停車する小田原行きの電車は1400形。小田原急行が江ノ島線の開業に際して1929（昭和4）年に増備した車両だ。第二次世界大戦後は主に普通列車として1968年まで使用された。◎1965年8月　撮影：荒川好夫（RGG）

座間〜厚木付近の地図 (1929年)

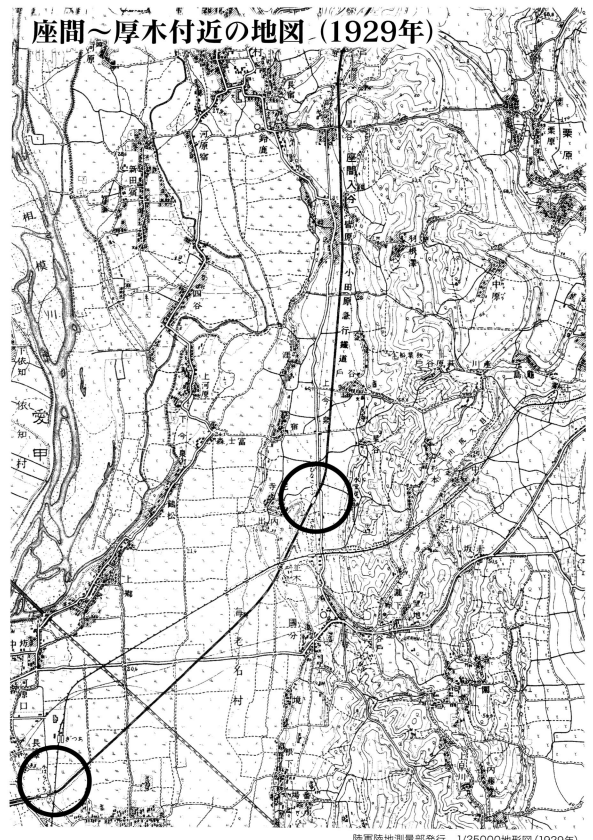

陸軍陸地測量部発行　1/25000地形図 (1929年)

本厚木～愛甲石田付近の地図（1929年）

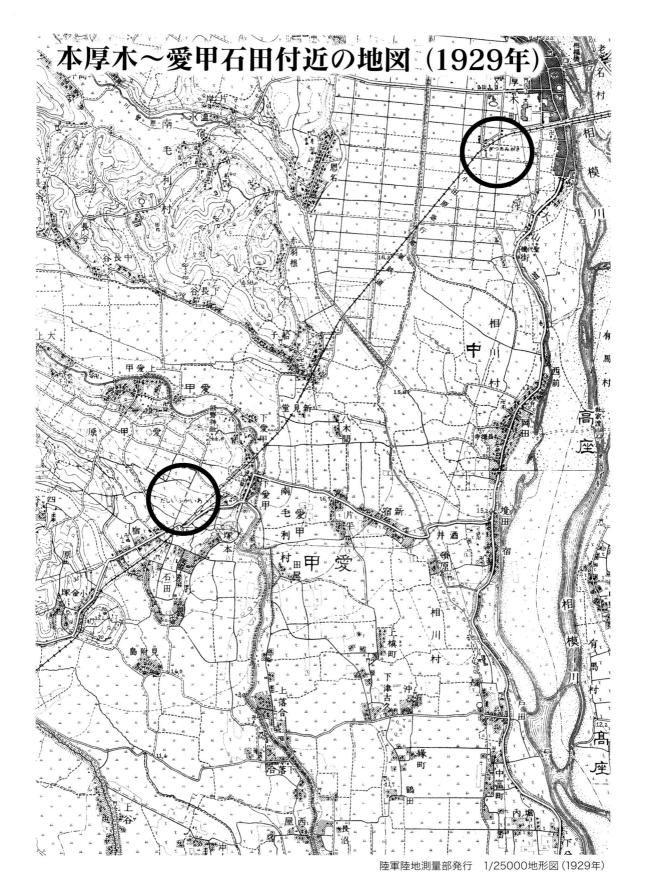

陸軍陸地測量部発行　1/25000地形図（1929年）

伊勢原市【伊勢原】

伊勢原駅 ▶︎【所在地】伊勢原市桜台１−１−７　**【開業】**1927（昭和２）年４月１日　**【キロ程】**52.2km（新宿起点）　**【ホーム】**２面４線
【乗降人員】1970年24,437人　1980年40,085人　1990年54,696人　2000年52,072人　2010年49,906人　2016年51,909人

伊勢原駅は大山登山の下車駅。通勤通学客や行楽客の増加に対応して、1987年に橋上駅化された。◎1963年10月20日　撮影：荻原二郎

1969（昭和44）年の伊勢原駅前。増え始めた自家用車への対策として、駅舎の前に「承認車以外　駐車禁止　駅長」と描かれた札が立つ。近在に米軍基地があるためか「NO PARKING」と英語表記も添えられている。◎提供：伊勢原市

伊勢原の北口駅前から続く、中央商店街の入口には大山阿夫利神社の鳥居が建つ。同社へは北口よりバスとケーブルカーを乗り継いで大山の懐へ向かう。下社まで1時間半、本社までは約3時間の道のりだ。◎1969年　提供：伊勢原市

駅舎改良後の伊勢原駅。駅前ロータリーには大山ケーブル行きのバス乗り場もあって、行楽シーズンの週末には賑わった。◎1968年9月22日　撮影：荻原二郎

秦野市【鶴巻温泉〜渋沢】

鶴巻温泉駅▶【所在地】秦野市鶴巻北２−１−１　【開業】1927（昭和２）年４月１日　【キロ程】55.9km（新宿起点）　【ホーム】２面２線
【乗降人員】1970年8,678人　1980年9,020人　1990年14,663人　2000年15,598人　2010年15,400人　2016年15,021人

東海大学前駅▶【所在地】秦野市南矢名１−１−１　【開業】1927（昭和２）年４月１日　【キロ程】57.0km（新宿起点）　【ホーム】２面２線
【乗降人員】1970年16,966人　1980年35,276人　1990年39,693人　2000年39,017人　2010年38,377人　2016年41,306人

秦野駅▶【所在地】秦野市大秦町１−１　【開業】1927（昭和２）年４月１日　【キロ程】61.7km（新宿起点）　【ホーム】２面４線
【乗降人員】1970年25,617人　1980年29,150人　1990年39,989人　2000年41,256人　2010年42,000人　2016年43,026人

渋沢駅▶【所在地】秦野市曲松１−１−１　【開業】1927（昭和２）年４月１日　【キロ程】65.6km（新宿起点）　【ホーム】２面２線
【乗降人員】1970年15,318人　1980年20,478人　1990年28,643人　2000年29,076人　2010年27,713人　2016年28,547人

新しい駅舎になった鶴巻温泉駅。「カルシウム含有量世界一」を謳う鶴巻温泉の広告看板が掲示されている。
◎1984年　提供：秦野市

駅舎の至近までタクシーが乗り入れていた、大らかな時代の鶴巻温泉駅前。着物姿の女性は、お客を駅まで迎えに来た旅館の関係者だろうか。若干、古風なかたちの駅舎や売店と共に、遠い日に訪れた温泉街の風情が香る。◎1963年９月29日　撮影：荻原二郎

大根駅の旧駅舎。
◎提供：秦野市

新しくなった大根駅の駅舎。この翌年には駅名が「東海大学前」に改称される。◎1986年　提供：秦野市

大根と書いて「おおね」という駅名だった現在の東海大学前駅。旧駅名は開業時の所在地名に由来する。昭和60年代に東海大学湘南キャンパスが駅の近隣地区に設立され、1987（昭和62）年に改称された。◎1963年7月7日　撮影：荻原二郎

大秦野駅前には日本通運や神奈川中央交通の秦野営業所が置かれ、当時から人や物流が盛んだった。◎1953年　提供：秦野市（撮影：安部道夫）

新しい駅舎になった大秦野駅。◎1972年　提供：秦野市

駅前ロータリーも整備された秦野駅前。◎1987年　提供：秦野市

構内踏切があった時代の長閑な渋沢駅。◎1960年頃　提供：秦野市

山小屋風の橋上駅舎と南北自由通路が完成した渋沢駅の全景。当駅の標高は163メートルで、小田急線全駅の中で最も高いところに位置している。◎1993年　提供：秦野市

松田町【新松田】

新松田駅 ▶【所在地】足柄上郡松田町松田惣領1356 　【開業】1927(昭和2)年4月1日　【キロ程】71.8km(新宿起点)　【ホーム】2面4線
【乗降人員】1970年24,531人　1980年27,168人　1990年28,849人　2000年26,040人　2010年25,690人　2016年24,546人

新松田駅では1980（昭和55）年に新駅舎の供用を開始した。ギャンブレ屋根を持つ旧駅舎は向ケ丘遊園へ移設し、「鉄道資料館」として活用された。向ケ丘遊園は遊園地としての営業を2002（平成14）年に取り止めた。◎提供：小田急電鉄

新松田駅に停車するSE3000形の特急「さがみ」。「さがみ」は中間停車駅を持つ新宿～小田原間の特急として1966（昭和41）年に運行を開始した。当駅は向ケ丘遊園と共に特急の停車駅となった。◎1966年　提供：小田急電鉄

1980（昭和55）年3月に完成した新松田駅の新駅舎。これまで使用されていた旧駅舎は向ヶ丘遊園（2002年に閉鎖、跡地には藤子・F・不二雄ミュージアム）に移築されて「鉄道資料館」として使用された。◎提供：小田急電鉄

開成町【開成】

開成駅 ▶【所在地】足柄上郡開成町吉田島4300－1　【開業】1985（昭和60）年3月14日　【キロ程】74.3km（新宿起点）　【ホーム】2面2線
【乗降人員】1990年3,919人　2000年6,196人　2010年9,871人　2016年11,033人

開成駅は小田急電鉄で68番目の駅として建設された。新松田〜栢山間の駅間距離が4.4キロあったことから、新駅誕生は地元の悲願だった。◎1984年　提供：開成町

開成駅の開業を知らせる案内板。
◎1985年3月　撮影：山田虎雄

NSE7000形の特急が開成駅を通過して行った。当駅は小田急沿線で唯一、駅が無かった足柄上郡開成町からの度重なる要望に応えて1985（昭和60）開業。酒匂川にほど近い田園部に小田急68番目の駅ができた。◎1985年　提供：小田急電鉄

開成駅の開業式典。◎1985年3月
提供：小田急電鉄

小田原市【栢山～小田原】

栢山駅▶【所在地】小田原市栢山2636　【開業】1927（昭和2）年4月1日　【キロ程】76.2km（新宿起点）　【ホーム】2面2線
【乗降人員】1970年8,717人　1980年9,385人　1990年11,279人　2000年10,393人　2010年9,451人　2016年9,287人

富水駅▶【所在地】小田原市堀ノ内242　【開業】1927（昭和2）年4月1日　【キロ程】77.8km（新宿起点）　【ホーム】2面2線
【乗降人員】1970年7,177人　1980年7,225人　1990年7,697人　2000年6,710人　2010年6,688人　2016年6,850人

螢田駅▶【所在地】小田原市蓮正寺319　【開業】1952（昭和27）年4月1日　【キロ程】79.2km（新宿起点）　【ホーム】2面2線
【乗降人員】1970年4,491人　1980年5,270人　1990年6,312人　2000年6,052人　2010年6,002人　2016年6,428人

足柄駅▶【所在地】小田原市扇町3-32-27　【開業】1927（昭和2）年4月1日　【キロ程】80.8km（新宿起点）　【ホーム】2面3線
【乗降人員】1970年1,793人　1980年2,306人　1990年2,869人　2000年2,645人　2010年2,885人　2016年3,877人

小田原駅▶【所在地】小田原市城山1-1-1　【開業】1927（昭和2）年4月1日　【キロ程】82.5km（新宿起点）　【ホーム】3面4線
【乗降人員】1970年60,676人　1980年69,349人　1990年79,715人　2000年95,922人　2010年64,436人　2016年66,612人

地方私鉄のようなこぢんまりとした駅舎が建ち、長閑な雰囲気に包まれた栢山駅。しかし、駅付近には県道が集まり、地域の鉄道玄関口として準急等の優等列車が設定されると停車駅となった。
◎1963年4月15日　撮影：荻原二郎

富水駅水田地帯にある小さな駅舎だったが、近年は宅地化が進んでいる。隣の栢山駅とそっくりの駅舎だった。◎1963年3月17日　撮影：荻原二郎

2面2線の蛍田駅ホームには、上下線それぞれに改札口が置かれている。ホームの有効長は120メートルで、6両編成までに対応している。◎提供：小田急電鉄

小田原市内の市街地にある足柄駅。1984（昭和59）年までは貨物扱いが行われていた。駅舎とホームが構内踏切で結ばれていた時代、駅前には遮断機が下りる前にホームへ上がることを促す注意書きを記した看板があった。◎1969年　撮影：山田虎雄

1952（昭和27）年に開業した蛍田駅。近年、駅周辺は小田原市の住宅地として発展している。◎1963年1月26日　撮影：荻原二郎

有名観光地が多い小田原駅前には多くの乗合バスやタクシーが並んでいた。2003年に駅ビルが完成するまで、この駅舎が使用された。◎1930年代　所蔵：生田誠

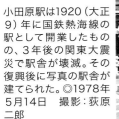

小田原駅は1920（大正9）年に国鉄熱海線の駅として開業したものの、3年後の関東大震災で駅舎が壊滅。その復興後に写真の駅舎が建てられた。◎1978年5月14日　撮影：荻原二郎

小田原駅の小田急線ホーム。小田原駅では、1〜2番線を伊豆箱根鉄道、3〜6番線をJR東日本、7〜11番線を小田急と箱根登山鉄道、13〜14番線をJR東海が使用している（12番は欠番）。提供：小田急電鉄

『町田市史』より

小田急の成立

　実業家利光鶴松は東京市電の路面電車が限界にきていることをみて、大正8年（1919）1月8日、原敬首相に対して日比谷公園を起点とし、省線渋谷・新宿・池袋・上野駅へ接続する高架・地下併用式電気鉄道の申請書を提出した。翌年3月17日、鉄道院は利光ら東京高速鉄道株式会社発起人に対して、計画の一部修正を条件に免許状を下付した。しかし、地下式鉄道では掘鑿の土砂の捨て場に困り、また、それでなくても地下鉄道建設には莫大な資金が必要であるのに、第一次世界大戦後の「戦後恐慌」とぶつかり、株式募集は絶望状態となった。

　そこで利光らは東京高速鉄道をあきらめ、大正9年8月24日、東京～小田原間に高速電気鉄道の敷設を出願、大正11年5月29日、小田原線の敷設免許状がおりた。利光ら東京高速鉄道株式会社発起人はなぜ、東京～小田原間に鉄道を敷設しようとしたのであろうか。それを大正12年2月の「小田原急行鉄道株式会社起業目論見書」からみるとつぎのようなものであった。

　小田原線の敷設免許を得た翌年2月16日、ついで江の島線の敷設免許を申請し（相模大野～藤沢間、免許下付大正15年10月4日）、12年3月8日、東京高速鉄道株式会社を「小田原急行鉄道株式会社」と改め、同年5月1日創立総会を行なった。創立資本金1350万円（15年9月に3000万円に増資）で取締役社長に利光鶴松、常務取締役に波多野友江、吉村恵吉が選ばれ、事務所を東京市有楽町の三菱仲三号館に開いた。

小田急線の建設

　はからずも小田急が発足した4カ月後の大正12年9月1日、関東大震災が起こり予定沿線は惨状を呈した。このため着工に遅れを生じたものの、まず路線の設定と線路敷設用地の買収に当たらなくてはならない。かつて横浜線の路線設定のときは今の路線よりももっと市域のほうに入っていたが、沿線市域の住民は汽車が走ると養蚕がだめになると市域通過に反対したので相模原市域方面を通ることになった経緯がある。小田急線の場合、当初の計画では神奈川県側（今の路線より南方）を通ることになっていたのを、村野常右衛門はかつての勢威と利光小田急社長と長年の親交があったところから、路線を東京側に走らせ岡上と鶴川の境を鶴見川越えにしたという。

　村野は路線設定に動いただけでなく、「村野日誌」大正15年6月18日の条に「午前9時上京、10時小田急ニ出社、地主トノ交渉二立会」とある。これは、市域への路線誘致により会社と地主との間に立って斡旋をしたと思われ、大正15年、昭和2年の「村野日誌」によれば、しばしば小田急本社を訪れている（大正11～14年の日誌は欠）。大正15年10月18日には利光より3万円を借用しているなど、かなり村野は小田急敷設に関係を持っていたようである。

　さて、路線敷設用地買収のメドもついたので大正14年11月10日上野の精養軒で起工式を行なった。その際、利光は全線82キロメートルを1か年半で完成し、昭和2年（1927）4月1日を開業日とすると宣言した。全線を最初から一挙に複線で完工しようというのである。一般の私鉄なら新宿～登戸間、登戸～新原町田間と工区を一つ一つ延長しやがて全線開通とするか、あるいは最初単線でのちに複線とするのが常識で、最初から全線82キロメートルを複線の計画で起工した例は私鉄にはない。これは利光らのスケールの雄大さを物語っている。

　総建設費は1350万円、西生田～新原町田間は第三工区となり松岡組が請け負った。この工区での難関工事は鶴川～玉川学園間の間にある230メートル余りの境塚隧道で、複線1メートル当たり1352円54銭の工事費、境塚隧道全体で31万2904円を要した。レールの敷設、架橋（多摩川、相模川、酒匂川）、隧道工事、30輌の車輛整備、従業員の養成なども終わり、監督官庁からの開業許可の指令が出たのは開業予定日の前日である昭和2年3月31日午後5時であったという。

開通

　昭和2年4月1日は開業日であった。利光社長は各界の名士を招待して試乗した。試乗車は新宿～小田原間を2時間23分かかる予定のところ、大秦野駅で指導運転手が調整を誤ったためストップし、各所で事故が続出、そのため遅延、運行中止などで新宿～小田原間を8時間もかかり乗客が殺到したので大混乱となり運賃払い戻しなどを行なった。招待された村野は開業当日の模様をその「日誌」に「4月1日、午前7時15分、新宿発小田原急行二胎中氏同行試乗セシニ往復共故障アリ、午後4時20分新原町田駅ニテ降車、横浜線ニテ帰宅ス」と認めている。

　開業時は小田原線のみ開通し、新宿～稲田登戸間15.8キロメートルは複線であったが、稲田登戸～座間間21.3キロメートルは単線運転であった。したがって市域内を通る小田急線は開業時単線であったが、その年、10月15日、小田原線の全線複線化完工によって市域内の小田急線は複線運転となった。複線化によって新宿～小田原間は急行電車が運行されることになり、38分短縮され1時間45分で運転された。駅舎は全線36のうち開業時、市域内に完成したのは新原町田駅と鶴川駅の2駅で、玉川学園前駅創設は玉川学園開校に合わせ昭和4年4月1日であった。

　開業時、鶴川～新宿間の所要時間は42分、新原町田～新宿間54分、4年4月、玉川学園前より新宿間は45分を要した。運転本数は新宿～小田原間、45分ごとで1日24本であった。小田急では昭和3年2月1日より江の島線の工事にかかり、相模大野～片瀬江の島間27.3キロメートルを3工区に分け402万7000円余円を投じ、4年4月1日に開通させた。ここに現在の小田急線の原型ができたのである。

2章
多摩線

川崎市【五月台〜はるひ野】
多摩市【小田急永山〜唐木田】

多摩丘陵を切りひらいてのニュータウン造成地を走る小田急の1700形電車。小田急線の奥側に見える架線と線路は京王相模原線。現在、この付近にはマンションやビルが林立している。◎小田急永山付近　1974年6月1日　撮影：荻原二郎

川崎市【五月台〜はるひ野】

五月台駅 ▶【所在地】川崎市麻生区五力田３－18－１　【開業】1974（昭和49）年６月１日　【キロ程】1.5km（新百合ヶ丘起点）　【ホーム】２面２線
【乗降人員】1990年5,047人　2000年6,990人　2010年9,504人　2016年10,169人

栗平駅 ▶【所在地】川崎市麻生区栗平２－１－１　【開業】1974（昭和49）年６月１日　【キロ程】2.8km（新百合ヶ丘起点）　【ホーム】２面２線
【乗降人員】1990年11,344人　2000年16,015人　2010年21,731人　2016年22,847人

黒川駅 ▶【所在地】川崎市麻生区南黒川４－１　【開業】1974（昭和49）年６月１日　【キロ程】4.1km（新百合ヶ丘起点）　【ホーム】２面２線
【乗降人員】1990年2,957人　2000年4,333人　2010年8,325人　2016年8,382人

はるひ野駅 ▶【所在地】川崎市麻生区はるひ野５－８－１　【開業】2004（平成16）年12月11日　【キロ程】4.9km（新百合ヶ丘起点）　【ホーム】２面２線
【乗降人員】2010年6,796人　2016年9,628人

新百合ヶ丘から一つ目の五月台駅。当駅は川崎市麻生区の丘陵地に設けられ、多摩ニュータウンのエリア外となる。開業当時、周囲は山林が多かったが、現在では戸建て住宅やマンションが並んでいる。◎1978年８月27日　撮影：荻原二郎

開業から数年間は１日の乗降人員が500人程度であり、２両編成の電車でも車内は空いていた。◎1974年　撮影：荻原二郎

小田急初の軽量高性能車として開発された2200形。正面2枚窓の前面に貫通扉を設置し、4両固定編成とした増備車が2220形である。写真は1984（昭和59）年に行われた「さよなら列車」で多摩線黒川〜栗平間の回送シーン。◎1984年6月24日　撮影：宮澤孝一（RGG）

新百合ヶ丘駅ホームに掲示された「多摩線開通」の案内看板。このとき開業したのは新百合ヶ丘〜小田急永山間で、先の小田急多摩センターまでは点線になっている。唐木田は予定線としても記載されていない。◎1974年6月　撮影：山田虎雄

多摩市【小田急永山〜唐木田】

小田急永山駅▶【所在地】多摩市永山１−１８−２３　【開業】1974（昭和49）年６月１日　【キロ程】6.8km（新百合ヶ丘起点）　【ホーム】２面２線
【乗降人員】1980年7,030人　1990年14,940人　2000年17,408人　2010年28,189人　2016年31,040人
小田急多摩センター駅▶【所在地】多摩市落合１−１１−２　【開業】1975（昭和50）年４月23日　【キロ程】9.1km（新百合ヶ丘起点）　【ホーム】２面２線
【乗降人員】1980年9,556人　1990年22,441人　2000年32,290人　2010年46,984人　2016年50,585人
唐木田駅▶【所在地】多摩市唐木田１−２−１　【開業】1990（平成２）年３月27日　【キロ程】10.6km（新百合ヶ丘起点）　【ホーム】２面３線
【乗降人員】1990年4,570人　2000年13,329人　2010年21,233人　2016年20,573人

1974年６月１日に開業した小田急永山駅。当時は起終点駅だったが、翌1975年４月に小田急多摩センターまで延伸されて中間駅になった。◎1974年６月　撮影：山田虎雄

1974年６月１日に開業した小田急永山駅のホーム。隣接の京王永山駅も同年10月18日に開業。翌1975年４月23日には小田急多摩センターまで延伸された。◎1974年６月　撮影：山田虎雄

開業当時の小田急多摩センター駅。駅周辺も造成途上の空き地が多かったが、数年を経て現代的な都市へと変貌していった。
◎1975年5月　撮影：山田虎雄

小田急多摩センター駅で発車を待つ1900形の新百合ヶ丘行き。当時はすべての列車が新百合ヶ丘〜小田急多摩センター間の区間運転だった。◎1975年5月　撮影：山田虎雄

開業からまもない小田急永山駅。開業時から10両編成に対応したホームであったが、実際に運転される列車は短い編成の時代が長かったため、ホーム上屋は乗降階段付近に限られていた。その後、2006年の大規模工事で増設された。◎1974年6月　撮影：山田虎雄

小田急永山駅付近の空撮（1984年）

多摩市永山2丁目の上空から小田急永山駅（写真中央の右側の駅）と、京王相模原線の京王永山駅（左側の駅）を空撮。左端に見えるのは日本医大多摩永山病院、中央下が永山ハイツである。撮影から35年近くを経た現在では、マンションや商業ビルが林立している。◎1984年2月17日　提供：朝日新聞社

1984（昭和59）年当時、多摩線の終点であった小田急多摩センターに停車する2220形の「さよなら列車」。隣には多摩線開業10周年を祝う、小さなヘッドマークを掲出した2400形が並ぶ。
◎1984年6月24日　撮影：宮澤孝一（RGG）

小田急多摩線（写真中央の上）と京王相模原線（下）の多摩センター駅上空からの空撮。◎1984年7月4日
提供：朝日新聞社

小田急多摩センター駅付近の空撮（1984年）

小田急多摩センター～唐木田間の延伸を祝う看板が取り付けられた唐木田駅の改札付近。◎1990年4月　撮影：山田虎雄

開業時の唐木田駅前。駅舎自体は現在も大きな変化はないものの、駅周辺は人口増加等によって様変わりした。◎1990年4月　撮影：山田虎雄

『神奈川県史』より

小田原急行鉄道の開業

1920（大正9）年8月24日、鬼怒川水力電気の社長利光鶴松ら48人の発起人は、連署で東京－小田原間鉄道敷設の免許を、鉄道大臣にあてて申請した。この申請は、当時の「地方鉄道法」（1919年4月10日公布、同年8月15日施行）によって、彼ら発起人がすでに免許を得ていた東京高速鉄道（地下鉄道）の延長線として電気鉄道を計画するという内容のものであった。当時、神奈川県中央部の厚木・秦野の一帯には鉄道がなく、沿線の標品流通を活発にするうえで効果が期待できること、また東京から大山・箱根など観光・保養地への旅客誘致が期待できることなどが挙げられた。

1922（大正11）年5月29日免許状が下付され、翌年3月8日社名を東京高速鉄道株式会社から小田原急行鉄道株式会社に改め、5月1日帝国鉄道協会で創立総会を開いた。役員は取締役社長利光鶴松、常務取締役波多野友江・吉村恵吉、取締役は藤江章夫ほか7人、監査役は鳩山一郎ほか2人、資本金1350万円、本社は東京市麹町区有楽町三菱仲三号館に置かれた。同社は、国鉄の新宿駅に乗り入れる認可を受け、関東大震災によって一時準備が遅れたが、1925年11月10日起工式を挙げ、新宿－小田原間の全線で着工、1927（昭和2）年4月1日新宿－小田原間82.8キロメートルが開業した。

同年10月15日までに全線の複線化が完成し、これにともない新宿－小田原間に急行列車を1時間間隔、普通列車（新宿－稲田登戸〔現　向ケ丘遊園〕間は経堂にのみ停車）を1時間間隔で運転、区間列車は新宿－稲田登戸間10分ヘッド、新宿－経堂間10分ヘッド、（朝夕混雑時）とした。新宿－小田原間の所要時間は急行列車で1時間45分、普通列車で1時間57分となった。

同社はこのほかに、1923年2月16日新原町田－片瀬間の敷設を出願、三回目の申請で免許を受け（大野－藤沢間は1926年10月4日、藤沢－江ノ島間は1927年12月27日）、1928年4月1日着工、1929年4月1日相模大野信号所－片瀬江ノ島間27.3キロメートル（全線複線）が開業した。

新宿－片瀬江ノ島間直通電車は1時間間隔で運転、1931年7月なかばから8月末までの日曜日には直通急行（所要時間1時間10分－1時間15分）を15－20分間隔で運転した。この夏季輸送のさいには、新宿－片瀬江ノ島間片道96銭の運賃を、新宿－稲田登戸間各駅から片瀬江ノ島まで往復96銭という50パーセントの割引を実施し、海水浴客の誘致をはかった。

当時、1929（昭和4）年秋から恐慌の影響を受けて、業績は低下する一方であり、人員削減、列車本数の削減などあらゆる手段で経費の節減をはかった同社は、このような臨時輸送にすべてを賭けたのである。このほかに、開業直後から箱根回遊の乗車クーポンを発売、また1931年かその翌年からは新宿－箱根湯本または強羅間往復割引乗車券に、ケーブルカー・バス・旅館・土産物店の割引証をつけたクーポンを発売、江ノ島・丹沢・大山・多摩川周辺などの季節割引乗車券・回遊券を発行した。

これらの旅客誘致政策は、不況による業績低下の切抜け策として実施されたが、このころハイキングや保養など週末行楽が一般化していく風潮が強まっており、神奈川県には上述のようなハイキング・保養、さらに登山や海水浴に適した地域が多いこともあって、都市に住み人びとの行楽輸送はこのような風潮に対応したものであった。小田急の場合には、多摩川や相模川で採掘する砂利輸送も不況切抜け策として効果を挙げ、その他林間都市の開発、向ケ丘遊園地の経営など多角経営の方策をとったが、それらの多くは、県下各地の都市化促進の役割を果たしたのである。

（以下略）

3章
江ノ島線

相模原市、大和市【東林間〜高座渋谷】
藤沢市【長後〜片瀬江ノ島】

相模鉄道のホームからは土手の上を走る小田急江ノ島線がよく見えた。写真左手が新宿方向。サハ1750形を挟んだデハ1700形は元のロマンスカーだ。◎大和　1968年9月18日　撮影：矢崎康雄

相模原市、大和市【東林間〜高座渋谷】

東林間駅▶【所在地】相模原市南区上鶴間7−7−1　【開業】1929(昭和4)年4月1日　【キロ程】1.5km(相模大野起点)　【ホーム】2面2線
【乗降人員】1970年15,845人　1980年20,859人　1990年24,379人　2000年21,876人　2010年21,081人　2016年21,536人

中央林間駅▶【所在地】大和市中央林間3−3−8　【開業】1929(昭和4)年4月1日　【キロ程】3.0km(相模大野起点)　【ホーム】2面2線
【乗降人員】1970年10,935人　1980年14,245人　1990年67,664人　2000年76,272人　2010年89,484人　2016年97,637人

南林間駅▶【所在地】大和市南林間1−6−11　【開業】1929(昭和4)年4月1日　【キロ程】4.5km(相模大野起点)　【ホーム】2面2線
【乗降人員】1970年26,693人　1980年33,546人　1990年38,549人　2000年33,236人　2010年32,512人　2016年33,398人

鶴間駅▶【所在地】大和市西鶴間1−1−1　【開業】1929(昭和4)年4月1日　【キロ程】5.1km(相模大野起点)　【ホーム】2面2線
【乗降人員】1970年18,773人　1980年16,979人　1990年20,618人　2000年21,066人　2010年26,859人　2016年29,949人

大和駅▶【所在地】大和市大和南1−1−1　【開業】1929(昭和4)年4月1日　【キロ程】7.6km(相模大野起点)　【ホーム】2面4線
【乗降人員】1970年66,418人　1980年94,567人　1990年108,947人　2000年101,522人　2010年110,701人　2016年116,691人

桜ヶ丘駅▶【所在地】大和市福田5522　【開業】1952(昭和27)年11月25日　【キロ程】9.8km(相模大野起点)　【ホーム】2面2線
【乗降人員】1970年11,788人　1980年17,704人　1990年25,187人　2000年21,213人　2010年20,326人　2016年20,519人

高座渋谷駅▶【所在地】大和市福田2019　【開業】1929(昭和4)年4月1日　【キロ程】11.8km(相模大野起点)　【ホーム】2面2線
【乗降人員】1970年10,714人　1980年19,819人　1990年25,060人　2000年21,240人　2010年21,355人　2016年25,195人

木造ながらも、屋根下の壁面に曲線状の欠き取り部分があって洒落た雰囲気に仕上げられている東林間駅舎。出入り口の上には、切り抜き文字でローマ字表記の駅名が掲げられている。新都市の開発を目指した小田急の意気込みを感じ取ることができる。
◎1965年　撮影：荻原二郎

1929(昭和4)年に中央林間都市駅として開業後、1941年に中央林間に改称された。1984年には東急田園都市線が中央林間まで開業して乗換駅となった。◎提供：大和市

小田原急行鉄道時代の昭和初期、相模大野から南林間にかけて行われた「林間都市」計画に際して、設置された鉄道駅の中央林間。未舗装の駅前には水溜まりができ、閑散とした様子である。◎1969年　撮影：山田虎雄

南林間駅に停車中の片瀬江ノ島行き。当時は多くの駅に構内踏切が設けられていた。◎1969年　撮影：山田虎雄

コンクリート造りの駅舎に自動券売機が設置された中央林間駅。駅名看板は白地に文字を記したタイプになっている。駅前にはたくさんの植木鉢が並び、草木が駅の利用客を和ませる。◎提供：大和市

西口に駅ビルが併設された南林間駅。小学校が近くに建つ東口に対して、西口付近は金融機関や商店が集まり、地域の中心街を形成する。駅ビルにはスーパーマーケットのOdakyu OXが入っている。◎提供：大和市

南林間駅に停車中の片瀬江ノ島行き1200形。1927年に小田急が製造した車両で、「大東急」時代には東急1200形、大東急解散後は小田急1200形となった。◎1965年8月9日　撮影：荻原二郎

中央林間駅付近の空撮（1984年）

大和市中央林間4丁目の上空から相模カントリー倶楽部(写真上)方向を空撮。手前左側は小田急江ノ島線の中央林間駅。
©1984年3月29日　提供:朝日新聞社

鶴間駅に停車中の1400形片瀬江ノ島行き。◎1965年8月9日 撮影:荻原二郎

南林間駅の西口は、駅前広場から道が6方向に延びている。駅正面に延びる分離帯がある通りの中程に警察の派出所がある。付近は碁盤の目のように道路で区切られる。江ノ島線と並行するように街を南北に横切る通りは、京都のように四条、六条等と呼ばれる。◎1966年　提供:大和市

林間都市計画の中心駅として開発された南林間駅。碁盤の目の街路には当時の面影が残されている。現在では西口・東口の両側にロータリーを構えている。◎1958年　提供:大和市

跨線橋が設置される以前の鶴間駅。駅舎の周りには木々が植えられ、涼し気な様子である。駅前にはタバコや写真現像も取り扱う売店があり、ささやかながらも近隣住民にとっては憩いの場であったことだろう。◎1965年8月9日 撮影：荻原二郎

通勤客で混雑する鶴間駅。日本が高度経済成長期の只中にあった1966（昭和41）年には、通勤時間帯が現在よりも短い時間に集中していた。電車から人波がホームへ押し出される光景が、都市部の日常風景だった。◎1966年　提供：大和市

木立に囲まれて涼し気な1958（昭和33）年の鶴間駅舎。出入り口付近に駅名がひらがなの切り抜き文字で掲げられている。駅前では路線バスが人待ち顔で停まる。折しも電車が到着し、夏服姿の学生がたくさん降りて来た。◎1958年：提供：大和市

『大和市史』より

神中線と小田急の開通

　大和市域に初めて鉄道が出現したのは、1926（大正15）年5月12日の神中鉄道（相鉄線）の開通であった。

　この日、厚木―二俣川間が開通し、大和村内では大和駅が開業した。開通当日の模様を、『横浜貿易新報』は次のように報じている。

　神中鉄道は1929年（昭和4）年2月には、程ヶ谷―西横浜間が開通して、村民は約1時間で直接横浜へ行くことが可能になった。

　次いで同年4月1日には、小田原急行鉄道江ノ島線（以降、小田急江ノ島線）が開通した。小田急江ノ島線は2年前に開業した小田原急行鉄道の支線として、途中駅の原町田から江ノ島に至る新しい路線であった。小田急江ノ島線の開通にともなって、大和市域には中央林間都市（中央林間）、南林間都市（南林間）、鶴間、西大和（大和）、高座渋谷の5つの駅が開業することとなり、沿線住民に新たに東京・小田原方面との交通を可能にした。

　こうして大和市域には、東西に走る神中線と南北を結ぶ小田急江ノ島線が交差し、鉄道を通じて従来までの純農村地帯から都市近郊の農村へと、その姿を大きく変えることになる。

　大正末から昭和初年にかけてのこの時期は、第3次私鉄ブームといわれた時代で、1921（大正10）年から30（昭和5）年の10年間に、全国で新規に開業した鉄道は142社に上り、小田原急行鉄道株式会社（以降、小田急）のような電気鉄道が毎年11社も登場した。今日東京都の近郊を走る主要な私鉄は、ほぼこの時期までに開通している。こうした私鉄ブームの背景には、鉄道が不況期にも安定した収入の得られる事業として、有力な投資対象となったこととあわせて、時の政友会内閣のもとで、鉄道免許の大盤振舞が行なわれ、また鉄道建設に対して地方鉄道補助法による国庫補助が得られたこともあった。神中鉄道と小田急電鉄も開業当初から多額の補助金を受け、創業時の苦難な時代をしのいでいる。

　いうまでもなく鉄道は、近代的な大量輸送機関として交通の動脈の役割を担い、沿線の産業開発と文化の普及に大きな期待がかけられていた。小田急は東京方面への通勤通学の足として利用され、また江ノ島・鎌倉や大山・箱根などの観光客の輸送に役立った。一方神中鉄道は、横浜方面への旅客輸送のほかに、沿線の農産物や京浜地方への相模川の砂利の輸送に大きな力を発揮した。まさに両鉄道の開通は、市域の住民にとっては、農産物の商品化と都市の生活文化にふれる大きな契機となった。

　それゆえ住民たちは、鉄道の敷設を歓迎し、用地買収や停車駅の設置に積極的に協力した。神中鉄道の建設に対して沿線の地主は株式の募集や割り当てに応じたり、大和駅の用地を無償で提供したりしている。創業時から神中鉄道株式会社の取締役に就任した大和村深見の冨沢豊治郎は、「神中鉄道用務録」という1冊の記録を残しているが、それを読むと地元の地主層の協力ぶりがよくわかる。そこには、沿線地区の深見と上草柳から応募した株主と株数、払い込

み金額が詳記されているが、1925（大正14）年1年間だけで、株主18人、新旧株363株、払い込み金額1342円となっている。また会社は増資のたびに、冨沢を通じて関係者に株式の応募を勧めている。

　一方、小田急については、下鶴間と公所の地主層が、地区をあげて駅の設置や用地の買収に協力している。もともとこの両地区は、小田急が鉄道敷設と合わせて林間都市の建設という沿線開発を計画していたため、用地買収も広大な規模となった。そのために1925（大正14）年、小田原急行土地株式会社を設立して用地買収に当たった。それに対して地元でも、村長の古木民蔵（公所出身）と前村長の高下才介（下鶴間出身）、大地主の長谷川彦太郎らを中心に「開発協会」をつくって買収交渉に応じた。用地買収に関する一連の資料は長谷川家に保存されているが、その中の2つの資料が注目される。1つは「土地代金領収証諸綴」で、この綴は小田急への土地提供者1人ひとりの土地代金の領収書を綴ったものである。もう1つは小田急の調査課が作成した「大和村下鶴間個人別一覧表」で、ここには、買収地一筆ごとの小字名、地番、地目、反別、所有者の氏名が明記されており、一見して買収地全体の内容がわかるものである。それによれば、大和村の土地提供者は全部で147人、提供面積は畑が78町8反6畝3歩、山林が188町5反6畝12歩となっている。

　ところで、長谷川家所蔵の資料の中に、駅の設置場所について地元側から小田急社長に提出した2つの陳情書が含まれている。これを見ると下鶴間地域の駅の設置場所をめぐってきわどい対立があったことが判明する。ここで駅というのは、下鶴間地区の最寄駅である鶴間と公所地区の最寄駅である中央林間都市の2つの駅をさす。陳情書では両駅を当初の契約した場所よりもより離れた西側よりの場所に設置したいという会社側の申し入れに対して、「断じて御交渉に応ずる事は出来ない」と峻拒している。つまり両地区は現状でさえ駅から15町ないし20町（約1.6～2.1キロメートル）離れた所にあり、それを変更して駅を西に移せば、東京府の原町田駅へ出るのと同じ距離になってしまう。これは地元にとっては大変な痛手だ。もともと我々は、「交通機関、殊に停車場の位置を条件として御社と土地売買の契約をした」のであり、それを条件に「部落の理解と後援を得」て契約に応じたのである。このように述べて、駅の位置の変更には絶対反対を唱えるのであった。

　この陳情書は、1927（昭和2）年3月両地区の委員の連名で2度提出されているが、同年10月に買収地区の立木に関して会社側と契約が交わされているところから、両者の間に間もなく和解が成立したものと思われる。両駅はその後に作成された林間都市の地図の上では、当初の場所よりもやや西に寄っている。

沿線開発と社長　利光の構想

　小田急の創立者の利光鶴松は大分県の農家出身である。1884（明治17）年20歳で上京し、苦労して代言人（弁護士）の資格を得た。出京後2年間、西多摩郡五日市町に寄留して

地元の民権家と親交を結び、青年仲間から大阪事件に誘われるという一幕もあった。五日市寄留中の民権体験は、利光の将来に決定的な影響を与えた。彼は「予ガ将来自由党トナリ、自由主義ヲ唱道シタルハ、全ク五日市ニ於テ受ケタル感化ニ外ナラズ」（「利光鶴松翁手記」）と語っている。

やがて彼は星亨の知遇を得て政界に入り、東京市会議員や衆議院議員を歴任している。政界では一貫して自由党、政友会に所属した。

利光が鉄道経営に関心を持ったのは、彼が市会議員時代に東京市街鉄道（のちの東京市電）の設立にかかわったときであった。1923年（大正12）年、利光は小田原急行鉄道株式会社を設立して社長に就任し、既述のように1927（昭和2）年に小田急線、29年に江ノ島線の開通に成功したが、そのとき彼は鉄道建設と並行して沿線の都市開発にも乗り出した。それは、大和村、大野村、座間村の沿線区域100万坪（約330.5ヘクタール）を買収して、住宅地、工業地、遊園地を開発し、林間都市と呼ばれる一大田園都市を建設しようという計画であった。そのための用地買収機関として、小田原急行土地株式会社を設立したことは前に述べたとおりである。

用地買収は1925（大正14）年から27（昭和2）年にかけて行なわれたが、このうち江ノ島線沿線の大和市域には、65万坪（約214.8ヘクタール）を住宅地として造成し、5000戸の住宅都市を建設しようというものであった。林間都市区域内にある江ノ島線の3つの駅は、はじめ中和田、公所、相模ヶ丘と言う地名を冠する予定であったが、開業直前になって東林間都市、中央林間都市、南林間都市と改名したのも、利光の林間都市建設にかける意気込みを示すものであった。利光の林間都市構想は、渋沢栄一が目蒲線沿線に建設した田園調布や、小林一三が阪急の沿線に開発した住宅都市をモデルにしたといわれている。

さて、このような開発計画のもとに、1928（昭和3）年9月より耕地整理による宅地造成が進められ、江ノ島線開通の年の11月には、南林間都市の分譲が開始された。第1回目の分譲は南林間都市の西地区74万5000平方メートル、第2回目は1930（昭和5）年10月同東地区の16万5300平方メートル、そして第3回目は1931（昭和16）年5月中央林間都市の70万7400平方メートルが分譲された。土地の買収価格は坪当たり1円30銭前後。分譲価格は坪当たり最高が33円、最低が6円であった。住宅地の周辺には公園を配し、ゴルフ場、野球場、ラグビー場、テニスコートなどのスポーツ施設や集会所を設け、スポーツ施設が集中する中央林間都市駅と南林間都市駅の間の東地区はスポーツ都市と銘うって分譲された。

南林間都市の西地区の一隅には、教育施設として大和学園（聖セシリア学園）が、利光の息女の伊東静江によって開校された。沿線開発に教育施設を併置することは、小田急では、小原国芳の成城学園と玉川学園の先例がある。このほか林間都市のユニークな施設として、松竹撮影所や相撲力士養成所、成田の宗吾霊堂の分社の誘致などが行なわれたが、いずれも中途で挫折した。

南林間の駅頭に降り立つと、今日でも林間都市の往昔をしのぶことができる。街路の呼び名や街並みのたたずまいにも、その面影が残っている。駅前広場を中心にして、中央通りが西に走り、それを南北に通ずる10本の街路が横断して、碁盤状の街並みを形成している。そして、中央通りの南側の街路には南一条から同十条、北側のそれには北一条から同十条という当時のままの名がいまでも用いられている。この街の構図は京都の街区をまねたものであろう。当初は1街区を3000坪とし、その中を500坪から100坪に区分して分譲していた。また駅前から斜めに放射される2本の道の両側には、35坪と50坪の区画の商店街が予定されていたという。

この分譲地の販売促進のために、小田急では下見客に無料乗車券を配ったり、土地購入者に3年間保証の無料乗車証を与えるなど、あの手この手を使って販売に努めた。しかし、分譲開始から10年を経た1939（昭和14）年になっても、両地区合わせて49万9200坪（約76.8パーセント）の分譲にとどまった。後のことになるが、1941（昭和16）年には、東林間都市、中央林間都市、南林間都市の駅名から、都市の名を削除して、東林間、中央林間、南林間としたのも、その名があまりにも都市の実態からかけ離れていたからであった。この時期になっても林間都市は、一部の住宅地域を除けば、雑木林の続く「林間」であった。

長びく昭和不況とそれに続く戦争が、この壮大な街づくりの夢を挫折させたのであった。それに東京への通勤通学には、余りにも時間がかかったことも分譲の進まぬ原因の1つであった。

（以下略）

相模鉄道との乗換駅、大和。相鉄が神中鉄道時代の1926 (大正15) 年に開業し、小田急の駅は小田原急行鉄道時代の1929 (昭和4) 年に西大和として開業した。1944年に相鉄の駅が小田急に隣接した位置へ移転し、小田急の駅も大和と改称した。
◎提供：大和市

飛行場行きのボンネットバスが停まる大和駅前。◎1964年　提供：大和市

大和駅は1926 (大正15) 年に神中鉄道 (現・相鉄本線) の駅として開業。3年後には小田急江ノ島線の開通により「西大和駅」が置かれた。◎1976年4月20日　撮影：荻原二郎

大和駅前の一画。金融機関らしく、重厚な雰囲気を醸し出す建物で営業する横浜銀行は、現在も駅の至近にある。3階建てのビルとなっている時計店には、フィルムメーカーの看板が掛かる。昔は時計、貴金属、写真機を一手に扱う商店が少なくなかった。◎1962年　提供：大和市

1980年代の大和駅前。店舗が続く通りの入口に商店街の看板が建つ。ゲートを潜るように看板の下を自動車が擦れ違いながらソロソロと走る。現在、駅付近の道は多くが一方通行となっている。◎1984年　提供：大和市

いにしえの高床式倉庫を彷彿とさせるかたちの木造駅舎が、築堤上のホームと接するように建っていた大和駅。建物の両側に駅へ上がる階段が設置され、橋上駅舎のような駅利用客の動線である。ソフトクリームが35円だった1957年。◎1957年　提供：大和市

小田急線の大和駅前から藤沢街道方面に伸びる大和銀座通り商店街。◎1958年　提供：大和市

駅前が整備された後も使用されていた桜ヶ丘の旧駅舎。昭和40年代とは出入り口の位置が変わっている。しかし、内部の窓口付近等には改築前の面影が残る。切妻面に残る駅名看板が、昔の玄関口を示す名残だろうか。◎提供：大和市

駅舎越しに旧塗装の電車が顔を覗かせる桜ヶ丘駅。道路に未舗装の部分が散見される駅前には、電車から降りて来る知人を待つのか、数人の人が電車を眺めるように建っている。1960年代の光景だ。◎1966年頃　提供：大和市

構内踏切があった時代の高座渋谷駅。ステップの無い電車専用のホームは、客車列車が主流だった旧国鉄路線の駅ホームよりも高く見える。通信施設を兼ねた架線柱は、鋼製トラスの立派な造りだ。
◎1958年　提供：大和市

江ノ島線内の駅では後発の1952（昭和27）年に開業した桜ケ丘。駅名は周辺の桜の名所があったことに因む。近隣には現在、野球場等のスポーツ施設を備えた引地台公園がある。
◎1965年8月9日　撮影：荻原二郎

高座渋谷駅前に建てられた映画館の看板。邦画が全盛期を迎えていた1950年代頃は、映画会社がそれぞれの作品を放映する専用の映画館を、地方都市にまで持ってしのぎを削っていた。◎1958年　提供：大和市

長後～六合付近の地図 (1929年)

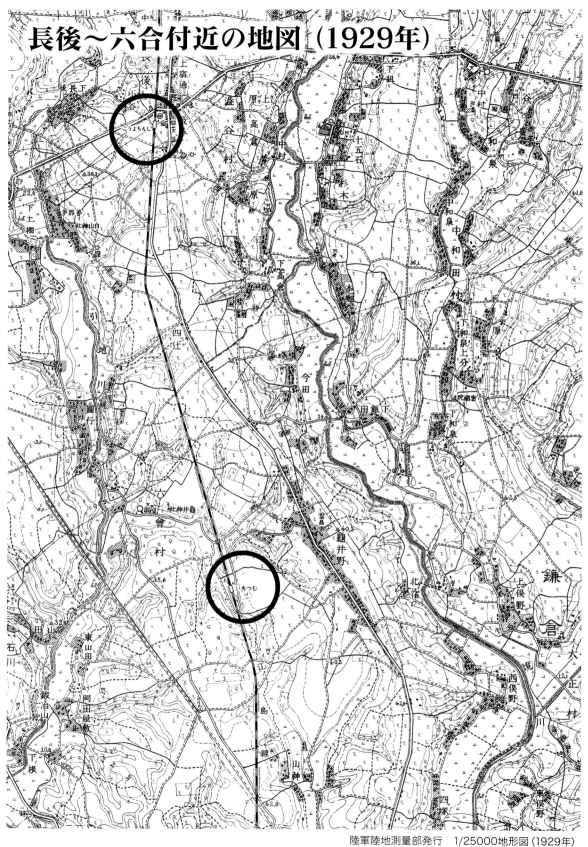

陸軍陸地測量部発行　1/25000地形図 (1929年)

藤沢本町〜片瀬江ノ島付近の地図（1929年）

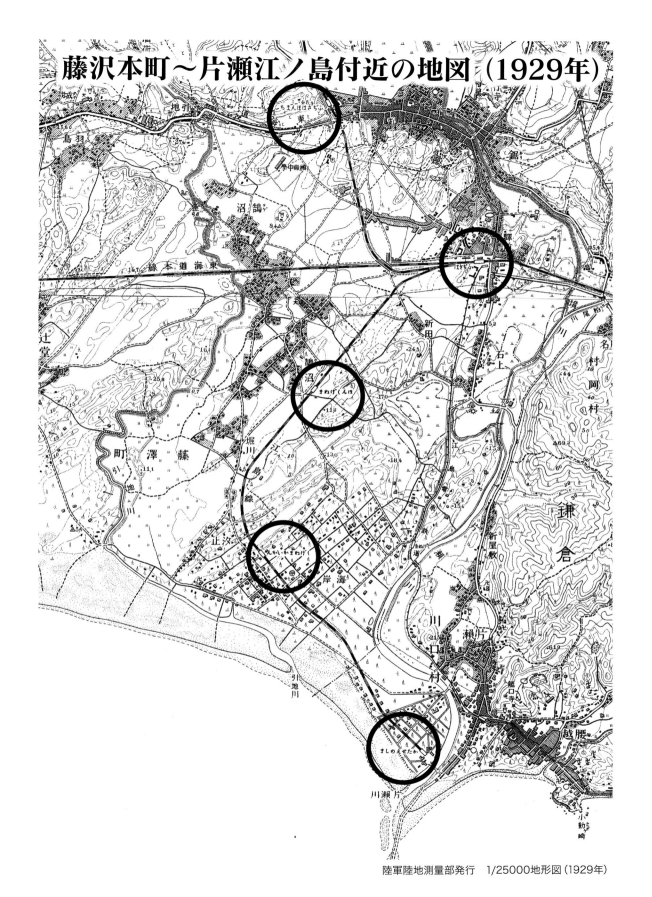

陸軍陸地測量部発行　1/25000地形図（1929年）

133

藤沢市【長後〜片瀬江ノ島】

長後駅▶【所在地】藤沢市下土棚472　【開業】1929（昭和4）年4月1日　【キロ程】14.0km（相模大野起点）　【ホーム】2面4線
【乗降人員】1970年30,653人　1980年45,940人　1990年52,960人　2000年40,150人　2010年34,886人　2016年35,141人

湘南台駅▶【所在地】藤沢市湘南台2-15　【開業】1966（昭和41）年11月7日　【キロ程】15.8km（相模大野起点）　【ホーム】2面2線
【乗降人員】1970年11,137人　1980年24,151人　1990年42,272人　2000年61,083人　2010年83,381人　2016年90,802人

六会日大前駅▶【所在地】藤沢市亀井野1-1-1　【開業】1929（昭和4）年4月1日　【キロ程】17.3km（相模大野起点）　【ホーム】2面2線
【乗降人員】1970年16,034人　1980年22,212人　1990年27,154人　2000年28,697人　2010年28,014人　2016年30,477人

善行駅▶【所在地】藤沢市善行1-27　【開業】1960（昭和35）年10月1日　【キロ程】19.7km（相模大野起点）　【ホーム】2面2線
【乗降人員】1970年16,217人　1980年24,699人　1990年29,648人　2000年28,271人　2010年26,969人　2016年26,924人

藤沢本町駅▶【所在地】藤沢市藤沢3-3-4　【開業】1929（昭和4）年4月1日　【キロ程】21.3km（相模大野起点）　【ホーム】2面2線
【乗降人員】1970年12,218人　1980年16,239人　1990年19,886人　2000年17,650人　2010年20,579人　2016年21,867人

藤沢駅▶【所在地】藤沢市南藤沢1-1　【開業】1929（昭和4）年4月1日　【キロ程】23.1km（相模大野起点）　【ホーム】2面3線
【乗降人員】1970年84,713人　1980年117,429人　1990年159,512人　2000年140,375人　2010年152,968人　2016年164,255人

本鵠沼駅▶【所在地】藤沢市本鵠沼2-13-14　【開業】1929（昭和4）年4月1日　【キロ程】24.6km（相模大野起点）　【ホーム】2面2線
【乗降人員】1970年10,621人　1980年10,620人　1990年11,198人　2000年10,308人　2010年11,184人　2016年13,235人

鵠沼海岸駅▶【所在地】藤沢市鵠沼海岸2-4-10　【開業】1929（昭和4）年4月1日　【キロ程】25.9km（相模大野起点）　【ホーム】2面2線
【乗降人員】1970年12,769人　1980年14,955人　1990年20,317人　2000年18,996人　2010年19,717人　2016年20,001人

片瀬江ノ島駅▶【所在地】藤沢市片瀬海岸2-15-3　【開業】1929（昭和4）年4月1日　【キロ程】27.6km（相模大野起点）　【ホーム】2面3線
【乗降人員】1970年10,187人　1980年11,918人　1990年18,777人　2000年15,145人　2010年19,112人　2016年21,440人

駅舎上のローマ字表記が洒落た雰囲気を醸し出す長後駅。駅舎の中は利用客で混み合っている。江ノ島線の開業に伴い、江戸時代に栄えた大山、滝山街道沿いの宿場町に設置された。駅前には売店とともに青果物等を扱う店舗が並ぶ。◎1965年6月6日　撮影：荻原二郎

江ノ島線で最も若い駅である湘南台は1966 (昭和41) 年の開業。当初は単独駅だったが、1999 (平成11) 年に相模鉄道いずみ野線、横浜市営地下鉄ブルーラインが相次いで延伸開業し、小田急に隣接して駅を開業した。◎1966年12月4日　撮影：荻原二郎

1966年に開設された当時の湘南台駅ホーム。◎1966年12月4日　撮影：荻原二郎

長後駅に入って来た列車はクハ1450を先頭にした3両編成。小田急に在籍した戦前派の車両は車体長の短い2扉車・3扉車が多く、輸送量が急増する中で使い辛くなっていた。そのため、晩年は江ノ島線などの各停運用に従事した。◎1965年6月6日　撮影：荻原二郎

藤沢駅付近の空撮（1978年）

藤沢市藤沢の上空から藤沢駅方向を空撮。東海道本線、小田急江ノ島線、江ノ島電鉄線が利用できる藤沢の中心エリアである。
◎1978年10月12日　提供：朝日新聞社

駅名は明治期の町村制施行で、6つの村が合併してできた旧六会村に由来する六会駅。木造時代の駅舎は切妻屋根建物2棟を組み合わせた形状だった。1998（平成10）年に六会日大前と改称した。◎1965年6月6日　撮影：荻原二郎

六会付近を行く江ノ島行きの列車は昭和1ケタ生まれの古豪1200形。1965（昭和40）年に撮影された姿は、客室扉が金属プレス製に取り換えられている。梅雨入り間近の車内は蒸し暑いからか、窓の多くは開け放たれている。◎1965年6月6日　撮影：荻原二郎

構内の裏手に緑の丘が広がっていた1962（昭和37）年当時の善行駅。駅名の読みを分かり易く伝えるためか、駅舎に掲げられた看板には「ぜんぎょう」とひらがなで記されている。駅の東側には現在、陸上競技場等のスポーツ施設が整備されている。◎1962年5月19日　撮影：荻原二郎

初冬の藤沢本町駅。旧宿場町だった藤沢市の旧市街に隣接する立地から地域住民、観光客等の利用者に向けて箱根や向ケ丘遊園等、沿線の行楽地へ誘う広告看板が立て掛けられている。◎1969年12月　撮影：山田虎雄

東海道の宿場町藤沢宿の西端部近くで開業した藤沢本町駅。駅周辺が豊かな緑に包まれている写真は1965（昭和40）年の撮影である。当駅の藤沢駅方で旧東海道が、線路と交差している。◎1965年6月6日　撮影：荻原二郎

写真中央は国鉄藤沢駅ホーム、左側が小田急江ノ島線の藤沢駅。左端の南口付近は再開発の途上で、小田急線の近くに駅を置いていた江ノ電は1974年に江ノ電百貨店（現・小田急百貨店藤沢店）2階に移動している。◎1977年　提供：小田急電鉄

小田急江ノ島線とともに東海道本線、江ノ島電鉄が集まり、地域交通の要所である藤沢。江ノ島線は当駅でスイッチバックするので、改札口越しに見る行き止まり式ホームは、終端駅の様相を呈している。◎1962年7月20日　撮影：荻原二郎

壁面に横板を貼った木造駅舎が建つ本鵠沼駅。江ノ島線の開通とともに開業した。しかし、明治時代より江ノ島電鉄の駅として鵠沼があったため重複を避け、所在地が旧本村地区にあることから「本」を冠した駅名とした。◎1964年5月24日　撮影：荻原二郎

鵠沼海岸駅の上りホームに停車する新宿行きの急行は2200形。線路や台車と比べると、17メートル級の車体がやや小振りに映る。車体の幅は現在の主力車両よりも20センチ狭い2.7メートル。車高は3.695メートルである。◎1970年9月27日　撮影：荻原二郎

「新宿ゆき小田急線のりば」の看板がある片瀬江ノ島駅前からは、境川（片瀬川）に架かる橋を渡って江の島方面に行くことができる。◎1930年代　所蔵：生田誠

住宅地・別荘地の玄関口としての鵠沼海岸駅。◎1962年　撮影:荻原二郎

鵠沼海岸付近を走るSE3000形「えのしま」。◎1970年　撮影:荻原二郎

竜宮城を模したユニークな概観の片瀬江ノ島駅。◎1964年　撮影:荻原二郎

©1969年6月　撮影：山田虎雄

『藤沢市史』より

小田急江の島線

　不況で沈黙を続けていた藤沢町には、いくつかの明るい局面もあらわれていた。まず第一に目を惹くのは、昭和4年4月に小田原急行鉄道（小田急）の江の島線（相模大野－藤沢－片瀬江の島間）が開通したことである。同社の設立は、はじめ東京高速鉄道株式会社の名称で計画され、その発企人（総代利光鶴松）は大正9年8月に新宿－小田原間の鉄道敷設許可を申請し、同11年5月に免許をえていた。ついで翌12年2月には右の小田原線から相模大野で分岐し藤沢にいたる間の鉄道敷設を出願した。会社は、同年5月1日、社名を小田原急行鉄道株式会社と改めて正式に創立されたのである。しかし、その後間もなくおこった関東大震災にわざわいされて、敷設工事の開始は遅れ、大正14年11月、ようやく小田原線の工事に着手した。相模大野－藤沢間の敷設免許をえたのは翌15年10月はじめのことであるが、さし当たっては、もっぱら小田原線の工事を進めた。同線は、昭和2年4月に開通したが、この時は一部を除き単線で、全線複線運転を実現したのは半年後の10月なかばであった。同年末には、さきに免許をえた相模大野－藤沢間に接続する藤沢－片瀬江の島間の敷設免許をえた（その出願時期は明確ではないが、藤沢線の免許をえた直後であったらしい）。当時、会社では前者を藤沢線、後者を片瀬線として区別していたという。藤沢線の敷設予定地は、大体旧滝山街道（八王子街道とも呼ばれた）に沿った東と西、15ケ町村にかかっていた。『小田急二十五年史』は、

　　当社としては、この各町村の地域中、何れの側に線路を敷設するも自由な立場にあったので、土地買収は容易であった。各町村では、駅・停車場の獲得上自然と競争の形となり、線路敷地の売込に働きかけてきたので、会社側としては、地価と便益を睨み合せて何れに決定するも差支えがなかったのである。そうした調子で最後に決定したのが現在の線路であった。

と述べている。ここでいう「線路敷地の売込」は、藤沢線の敷設免許と片瀬線の計画が地元に伝わるとともに活発化した。その場合、滝山街道の東西のいずれの側に路線が

決定するかが、関係町村とのとりつけ強い関心の的となったのである。昭和2年1月の時点では、大和村から渋谷・六会両村を経て藤沢駅にいたる東部線と、綾瀬・御所見・小出三村を経て辻堂駅にいたる西部線とのいずれに決まるかが予断できない有様であった。3月はじめにいたり、会社としては東部線を選ぶ方針を決めたが、西部三村の有志は、「尚ほ団結強く、如何にしても西部にとらざれば止まざるの意志固く、今回一致して路線敷地の無償提供、路面地ならしの無償工事をなし西部線を採月されん様出願する事となり」同月20日には、江の島でそのための集会を開いた(『横浜貿易新報』昭和2.3.19)。こうした動きは、関係町村がこの鉄道の開設にいかに大きな期待をかけていたかをものがたっている。同年7月ごろには藤沢町および大和村における用地買収契約がすでに成立していたが、商業地区である渋谷村の長後付近や、園芸農業のさかんな六会村南部では、買収交渉が若干難航したらしい。片瀬線もふくめ、会社が用地買収に投じた費用は全部で77万6千余円であった。

江の島線の敷設工事は昭和3年2月に開始された。全長27.3キロメートルを相模大野－高座渋谷、高座渋谷－六会、六会－片瀬江の島の三工区に分け、それぞれを請負った業者が並行して工事を進めた。第三工区のうち、藤沢－片瀬江の島間だけは翌年2月なかばになって着工したが、これは鵠沼付近の用地決定がやや遅れたためであろう。それに先立って、1月には長後の変電所が竣工した。停車場は13か所に設けられた。上記の用地買収費もふくめ、総工費は約388万8000円であった。

江の島線開通の影響

昭和4年4月1日、営業開始のはこびとなり、新宿－片瀬江の島間には、1時間おきで一日16往復の直通運転が行なわれた。この間の所要時間は1時間33分、運賃は95銭であった。ほかに、藤沢－片瀬江の島間に一日15往復の運転が行なわれた。営業成績は、おりからの不況にもかかわらず、最初から順調であった。それは、江の島線開通の昭和3年下期における小田急の一日平均運輸収入が4912円であったのに対し、4年下期のそれが6883円と4割強も増加し、一方、営業費は3202円から3727円へと、1割3分余の増加にとどまっていることによっても明らかである。地元側からみた場合には、江の島線の開通によって東京方面との連絡が一段と便利になり、とりわけ鵠沼や片瀬江の島が別荘地あるいは観光地・海水浴場として発展するうえに大きく寄与することになった。

牧野和人（まきの かずと）

1962年、三重県生まれ。写真家。京都工芸繊維大学卒。幼少期より鉄道の撮影に親しむ。平成13年より生業として写真撮影、執筆業に取り組み、撮影会講師等を務める。企業広告、カレンダー、時刻表、旅行誌、趣味誌等に作品を多数発表。月刊「鉄道ファン」誌では、鉄道写真の可能性を追求した「鉄道美」を連載する。臨場感溢れる絵づくりをもっとうに四季の移ろいを求めて全国各地へ出向いている。

【写真撮影・提供】

小田急電鉄株式会社

江本廣一、荻原二郎、園田正雄、髙井薫平、竹中泰彦、野口昭雄、矢崎康雄、山田虎雄

RGG（荒川好夫、松本正敏、宮澤孝一、武藤邦明、森嶋孝司）

世田谷区立郷土資料館、狛江市、町田市、座間市教育委員会、海老名市、厚木市

伊勢原市、秦野市、開成町、小田原市、大和市、朝日新聞社

【絵葉書提供】

生田 誠

1960年代～90年代
小田急沿線アルバム

発行日	2018 年 6 月 5 日　第 1 刷　　※定価はカバーに表示してあります。
	2018 年 8 月 10 日　第 2 刷
解説	牧野和人
発行者	春日俊一
発行所	株式会社アルファベータブックス
	〒 102-0072　東京都千代田区飯田橋 2-14-5　定谷ビル
	TEL. 03-3239-1850　FAX.03-3239-1851
	http://ab-books.hondana.jp/

編集協力	株式会社フォト・パブリッシング
デザイン・DTP	柏倉栄治
印刷・製本	モリモト印刷株式会社

ISBN978-4-86598-837-6 C0026

なお、無断でのコピー・スキャン・デジタル化等の複製は著作権法上での例外を除き、著作権法違反となります。